生产性服务业集聚
对制造业服务化的影响研究

解萧语◎著

中国商务出版社
·北京·

图书在版编目（CIP）数据

生产性服务业集聚对制造业服务化的影响研究 / 解萧语著 . -- 北京：中国商务出版社，2023.12

ISBN 978-7-5103-4897-6

Ⅰ.①生… Ⅱ.①解… Ⅲ.①生产服务—服务业—影响—制造工业—产业结构升级—研究—中国 Ⅳ.① F426.4

中国国家版本馆 CIP 数据核字 (2023) 第 220354 号

生产性服务业集聚对制造业服务化的影响研究

SHENGCHANXING FUWUYE JIJU DUI ZHIZAOYE FUWUHUA DE YINGXIANG YANJIU

解萧语◎著

出　　版：	中国商务出版社	
地　　址：	北京市东城区安定门外大街东后巷 28 号　邮　编：100710	
责任部门：	商务事业部（010-64269744　bjys@cctpress.com）	
责任编辑：	张高平	
总 发 行：	中国商务出版社发行部（010-64208388　64515150 ）	
网购零售：	中国商务出版社商务事业部（010-64266119）	
网　　址：	http://www.cctpress.com	
排　　版：	廊坊市展博印刷设计有限公司	
印　　刷：	廊坊市蓝海德彩印有限公司	
开　　本：	710 毫米 ×1000 毫米　1/16	
印　　张：	15.5　　　　　　　　　字　数：238 千字	
版　　次：	2023 年 12 月第 1 版　　印　次：2023 年 12 月第 1 次印刷	
书　　号：	ISBN 978-7-5103-4897-6	
定　　价：	58.00 元	

中文摘要 | 生产性服务业集聚对制造业服务化的影响研究

新一轮科技革命催生工业经济向服务经济加速转变，制造业在转型升级的过程中，逐渐呈现出服务化的特征。随着制造业服务化的发展，贯穿制造业企业生产、质量控制、物流运输、广告售后等各价值链环节，对制造业升级具有重要意义的生产性服务业也迅速发展起来，并逐渐呈现出产业集聚的态势。目前，我国正处于制造业转型升级与经济转型发展的重要时期，内部面临新旧经济动能交替与市场供需不平衡问题，外部面临"经济不确定性"与"制造业回流"的双重挤出效应问题。此时，有效地发挥生产性服务业集聚促进制造业服务化发展的作用，以国内市场为基础促进制造业转型升级，推动我国产业结构与全球价值链地位的攀升，有助于完善我国供给侧改革，优化产业布局，调节市场供给与需求的不平衡，促进区域协调发展与国内市场一体化，构建强大的国内市场，实现国内国外双循环经济发展。现有的对生产性服务业集聚影响制造业服务化发展的研究，已在生产性服务业与制造业服务化的关系、生产性服务业集聚对制造业生产率与产业升级的影响等方面取得了丰硕的研究成果。但是，对生产性服务业集聚影响制造业服务化的直接研究较少，尚未形成系统的研究成果，仍需要进一步的研究。

鉴于此，本书主要从以下几个方面研究了生产性服务业集聚促进制造业服务化发展的相关问题：

第一，明晰相关概念与梳理研究成果。根据制造业服务化国内外文献中已有的生产性服务业与制造业产业概念界定，明晰了生产性服务业集聚与制造业服务化的内涵、范围、动因与发展模式，并通过产业集聚与产业互动的基础理论研究，梳理了生产性服务业集聚影响制造业服务化的直接与间接经济效应、影响机制与具体路径。

第二，构建生产性服务业集聚促进制造业服务化发展的研究框架。基于国内外相关理论观点，将制造业服务化的演变过程划分为产品服务化、业务服务化与行业服务化三个层次，探索了生产性服务业集聚促进制造业服务化的动机提升、降低制造业服务化成本，进而提升制造业服务化整体水平的理论机制。

第三，生产性服务业集聚影响制造业服务化的研判。首先，对比分析了现存相关指标计算方法，甄选出适合本书的测算方法。其次，基于数据测算结果，从全国、区域、行业三个层面运用统计分析方法对生产性服务业影响制造业服务化进行预判，并进一步运用案例分析法，比较分析生产性服务业集聚对制造业服务化的影响。最后，根据上述分析结论初步判断生产性服务业集聚是否影响制造业服务化及其影响的方向。

第四，生产性服务业集聚对制造业服务化影响的实证分析。首先，运用随机效应模型，研究了生产性服务业集聚对制造业服务化的直接经济效应。其次，引入空间影响因素，研究了影响的空间经济效应。最后，考虑到经济环境对产业发展的影响，运用门槛模型，从创新与生产水平两个层面研究了生产性服务业集聚对制造业服务化的门槛经济效应。同时，考虑到模型可能存在的稳定性与内生性问题，对以上三种影响效应的结论进行了内生性与稳定性检验。

第五，生产性服务业集聚促进制造业服务化的中介效应检验。首先，从产业集聚的集聚效应层面，选取生产性服务业集聚的马歇尔、雅各布斯和波特（MAR、JACOBS 和 PORTER）外部性经济效应作为中介变量，运用中介效应模型验证了生产性服务业集聚通过产业集聚外部性经济效应推动制造业服务化发展的路径机理。其次，从生产性服务业与制造业产业关联层面，选取生产性服务业与制造业耦合作为中介变量，运用中介效应模型验证了生产性服务业集聚通过产业耦合提升制造业服务化水平的路径机理。

第六，生产性服务业集聚影响制造业服务化水平的异质性分析。首先，从行业异质性角度，根据行业特征将生产性服务业划分为 7 种细分行业，并研究了不同的生产性服务业行业集聚对制造业服务化的影响。其次，从企业性质的角度划分了国有企业与民营企业，研究了不同性质企业的生产性服务业集聚对制造业服务化发展的直接经济效应。

根据研究结果，本书得出如下重要结论：

第一，生产性服务业集聚与制造业服务化具有互动关系，生产性服务业集聚对制造业服务化具有直接的经济效应与间接的空间效应、门槛效应影响，主要从产业集聚与产业互动两个层面影响制造业的产品服务化、业务服务化与行业服务化，进而影响整体制造业服务化的发展。

第二，2006—2018年中国生产性服务业集聚与制造业服务化均有所提升，呈现出良好的发展态势，具有较大的发展空间。不论是基于数据的全国层面、空间层面、行业层面还是基于案例分析，都得出了生产性服务业集聚促进制造业服务化发展的结论。

第三，中国生产性服务业集聚促进制造业服务化发展，且正向的外部性经济仍处于倒"U"字形曲线的左侧，还需进一步发挥其正向的外部性经济效应。但从空间层面分析，生产性服务业集聚会对周边省份的制造业服务化产生抑制作用，这主要是由于虹吸效应的存在。此外，直接经济效应的程度会受到制造业服务化发展环境与动机的影响。当创新水平与相对生产率这两个环境达到一定条件后，生产性服务业集聚才能充分发挥对制造业服务化的促进作用。因此，应当注重产业发展环境的营造。

第四，生产性服务业集聚在集聚效应层面主要通过产业集聚的马歇尔、雅各布斯和波特外部性经济效应，推动制造业产品、业务与行业服务化；在关联效用层面，主要通过产业耦合来提升制造业成本剩余与收益剩余，促进制造业升级，推动制造业价值链攀升，进一步提升制造业服务化的整体水平。

第五，影响效应具有行业异质性。从影响效应上看，生产性服务业各细分行业的集聚大多促进制造业服务化的发展，仅信息传输与计算机服务和软件业受到制造业服务化需求与生产性服务业集聚发展供给的不平衡问题所带来的负面影响，对生产性服务业集聚促进制造业服务化发展具有微弱的抑制作用。从影响程度上看，知识、科技等要素密集度更高的行业的集聚对制造业服务化的影响较弱，资本密集的新兴行业与传统服务行业对制造业服务化的影响较大。

第六，影响效应具有企业异质性。不同所有权性质企业的经营方式、组织结构、运营体量均存在较大差异，因此形成了民营生产性服务业集聚对民营制造业服务化为促进作用、国有生产性服务业集聚对国有制造业服务化的影响为微弱的抑制作用的差异化现象。

综上所述，本书就发展生产性服务业集聚促进制造业服务化提出了如下政策建议：一是整合区域要素市场，推动要素自由流动；二是推进生产性服务业集聚，提升制造业服务化水平；三是合理布局产业空间，减少集聚虹吸效应弊端；四是积极创新、调控生产，增强生产性服务业集聚效用；五是优化产业传导路径机制，促进增益型路径效用发挥；六是施行定制化政策引导，充分发挥集聚的正向效用。

Abstract

The new round of scientific and technological revolution is accelerating the transformation from industrial economy to service economy, and the manufacturing industry has gradually shown the characteristics of servitization in the process of transformation and upgrading. With the development of manufacturing servitization, the producer services, which run through the production, quality control, logistics and transportation, advertising and after-sales of manufacturing enterprises, have also developed rapidly, and gradually show a trend of industrial agglomeration. At present, China is in an important period of manufacturing transformation and upgrading and economic transformation and development, facing the problems of alternation of old and new economic kinetic energy and imbalance between market supply and demand internally, and the double crowding-out effects of "economic uncertainty" and "manufacturing back-flow" externally. At this time, Producer services agglomeration should effectively play the role in promoting the development of manufacturing servitization, advance the manufacturing transformation and upgrading on the basis of domestic market, and boost the upgrading of China's industrial structure and the rising of status of global value chain, so as to help improve China's supply-side reform, adjust the balance between market supply and demand, optimize industrial layout, promote regional coordinated development and domestic market integration, build a strong domestic market, and realize the development of domestic and foreign double circular economy. To this end, China promulgated the Guiding Opinions of the State Council on Accelerating the Development of Producer Services to Promote Industrial Restructuring and Upgrade in 2014, pointing out that, in order to conform to the development trend of economic modernization, "it is necessary to guide the regional agglomeration of producer services in central cities, manufacturing concentration areas, modern agricultural industrial bases and qualified cities and towns according to local conditions", and it is clear that China relies on the producer services agglomeration to promote the development direction of manufacturing industry. Existing studies have achieved fruitful results in the relationship between producer services and manufacturing servitization, and the influence of producer services agglomeration on manufacturing productivity and industrial upgrading. However, there are few direct studies on the influence of producer services agglomeration on manufacturing servitization, and no systematic research results have been formed, so further research is still needed.

In view of this phenomenon, in this book, I mainly study the issues related to the producer services agglomeration to promote the development of manufacturing servitization from the following aspects:

I. Clarify related concepts and sort out research results. According to the existing concepts of producer services and manufacturing industry in domestic and foreign literature of manufacturing servitization, this book defines the connotation, scope, motivation and development mode of producer services agglomeration and manufacturing servitization, and sorts out the direct and indirect economic effects, influence mechanism and specific path of producer services agglomeration affecting manufacturing servitization through the basic theoretical research of industrial agglomeration and industrial interaction.

II. Build a research framework for the producer services agglomeration to promote the development of manufacturing servitization. Based on the relevant theoretical viewpoints at home and abroad, this book divides the evolution process of manufacturing servitization into three levels, namely, the product servitization, business servitization and industry servitization, and explores the theoretical mechanism that the producer services agglomeration promotes the rising of motivation of manufacturing servitization, and reduces the cost of manufacturing servitization, to improve the level of manufacturing servitization.

III. The producer services agglomeration affects the manufacturing servitization. Firstly, the existing index calculation methods are compared and analyzed to select the calculation method suitable for this paper. Secondly, based on the data calculation results, statistical analysis methods are used to predict the influence of producer services on manufacturing servitization from three levels, namely, national, regional and industrial levels. Moreover, from the enterprise level, case analysis method is used to compare and analyze the influence of producer services agglomeration on manufacturing servitization. Finally, according to the above analysis conclusions, it is preliminarily judged whether the producer services agglomeration affects the manufacturing servitization and its influence direction.

IV. An empirical study on the influence of producer services agglomeration on the development of manufacturing servitization. Firstly, the direct economic effect of the producer services agglomeration on the manufacturing servitization is investigated by using a random effects model. Secondly, the spatial economic effect of the influence is investigated by introducing spatial influence factors. Finally, considering the influence of economic environment on industrial development, the threshold economic effect of producer services agglomeration on manufacturing servitization is investigated from innovation and production levels by using the threshold model. Meanwhile, the endogeneity and stability of the conclusions from the above three influence effects are tested.

V. An empirical study on the mechanism and path of producer services agglomeration to promote the development of manufacturing servitization. Firstly, from the agglomeration effect level of industrial agglomeration, the economic effects of MAR, JACOBS and PORTER externalities of producer services agglomeration are selected as mediated variables, and the mediating effect model is used to verify the path mechanism that producer services agglomeration promotes the development of manufacturing servitization through the externalities of industrial agglomeration. Secondly, from the level of industrial association between producer services and manufacturing industry, this book selects the coupling between producer services and manufacturing industry as a mediated variable, and verifies the path mechanism that producer services agglomeration can improve the level of manufacturing servitization through industrial coupling by using mediating effect model.

VI. An empirical study on the heterogeneity of producer services agglomeration affecting the level of manufacturing servitization. Firstly, from the perspective of industry heterogeneity, this book divides the producer services into seven sub-industries according to the industry characteristics, and studies the influence of different producer services agglomeration on manufacturing servitization. Secondly, from the perspective of enterprise nature, this book studies the direct economic effects of producer services agglomeration with different enterprise nature on the development of manufacturing servitization.

According to the research results, we make the following conclusions:

I. There is an interactive relationship between the producer services agglomeration and the manufacturing servitization. The producer services agglomeration has direct economic effect, indirect spatial effect and threshold effect on the manufacturing servitization, which mainly affects the overall development of manufacturing servitization from the industrial agglomeration and industrial interaction levels on the product servitization, business servitization and industry servitization in the process of manufacturing servitization.

II. From 2006 to 2018, China's producer services agglomeration and manufacturing servitization have been improved, showing a good development trend and having a large development space. Whether the analysis is based on the data at the national level, spatial level, industry level or case-based enterprise level, it is concluded that the producer services agglomeration promotes the development of manufacturing servitization.

III. The agglomeration of China's producer services promotes the development of manufacturing servitization, and the positive externality economy is still on the left side of the inverted U-shaped curve, so it is necessary to further exert its positive externality economic effect. However, from the perspective of space, the producer services agglomeration will inhibit the manufacturing servitization in neighboring provinces, which is mainly due to the siphon effect. In addition, the degree of direct economic effect will be affected by the development environment and motivation of manufacturing servitization, which is manifested as innovation level and relative productivity respectively. When these two environments reach certain conditions, the producer services agglomeration can give full play to the promotion of manufacturing servitization.

IV. The producer services agglomeration mainly promotes the service of manufacturing products, businesses and industries through the external economic effects of MAR, JACOBS and PORTER of industrial agglomeration at the agglomeration effect level. From the perspective of related effects, it mainly improves the cost surplus and income surplus of manufacturing industry through industrial coupling, promotes the upgrading of manufacturing industry and promotes the climbing of manufacturing value chain, to further enhance the service level of manufacturing industry.

V. The influence effects possess industry heterogeneity. From the perspective of influence effect, the agglomeration of various sub-sectors of producer services mostly promotes the development of manufacturing servitization, but only the information transmission, computer services and software industry are affected by the imbalance between the demand of manufacturing servitization and the supply of producer services agglomeration development, and its agglomeration has a weak inhibitory effect on the manufacturing servitization. From the perspective of influence degree, the agglomeration of industries with higher factor intensity, such as knowledge, science and technology, has a weak influence on manufacturing servitization, while capital-intensive emerging industries and traditional service industries have a greater influence on manufacturing servitization.

VI. The influence effects possess enterprise heterogeneity. Under the ownership of different enterprises, there are great differences in enterprises management mode, organizational structure and operation volume. As a result, a differentiated phenomenon is formed in which the private producer services agglomeration promotes the private manufacturing servitization, while the agglomeration of state-owned producer services has a weak inhibitory effect on the manufacturing servitization.

To sum up, the following policy suggestions are hereby put forward on the development of producer services agglomeration to promote the development of manufacturing industry: firstly, integrate regional factor markets to promote the free flow of factors; secondly, promote the producer services agglomeration to improve the level of manufacturing servitization; thirdly, rationally lay out industrial space to reduce the disadvantages of agglomeration siphon effect; fourthly, actively make innovation and regulate production to enhance the agglomeration effect of producer services; fifthly, optimize the industrial transmission path mechanism to enhance the effect of gain path, and implement customized policy guidance to give full play to the positive effect of agglomeration.

◀◀◀ **第一章 绪 论**

第二章 理论基础与文献综述 ▶▶▶

◀◀◀ **第三章 生产性服务业集聚对制造业服务化的影响理论分析**

◀◀◀ 第四章 生产性服务业集聚对制造业服务化影响的研判

第五章 生产性服务业集聚对制造业服务化影响的实证分析 ▶▶▶

◀◀◀ 第六章 生产性服务业集聚促进制造业服务化的中介效应检验

第七章 生产性服务业集聚影响制造业服务化的异质性分析 ▶▶▶

◀◀◀ **第八章　结论、启示与展望**

图目录

表目录

生产性服务业集聚对制造业服务化的影响研究

SHENGCHANXING FUWUYE JIJU

DUI ZHIZAOYE FUWUHUA DE

YINGXIANG YANJIU

第一章 绪 论

本章首先阐述本书的研究背景与选题意义，明确了选题思路；其次说明了本书的研究内容和技术路线；最后总结了本书的研究方法、特色与创新。

1.1 研究背景与意义

1.1.1 研究背景

随着科学技术的进步，世界工业发展经历了水利与蒸汽的工业 1.0 时代、电气化与自动化技术的工业 2.0 时代、信息通信技术引导生产的工业 3.0 时代，现在即将进入"实体物理世界与虚拟网络世界相互融合"的工业 4.0 时代（徐振鑫等，2016）。在这种趋势下，发达国家迅速实施了制造业服务化升级，如美国的"再工业化"战略、德国的"工业 4.0"战略、法国的"新工业法国"战略等，都提出了对制造业服务化发展的指导意见及部署。当发达国家制造业服务化发展方兴未艾时，我国的制造业升级仍步履维艰。改革开放 40 多年为我国制造业提供了人口与资源红利的双重优势，令我国制造增加值占全球比重从 1990 年的 2.7% 上升到 2020 年的近 30%，我国成为全球制造业大国。但是，我国的制造业大而不强。早期依赖资源禀赋的粗放式生产方式，令我国制造业在全球价值链嵌入中被"低端锁定"，国际产业层级与产品附加值双面偏低。近年来，受到全球经济不确定性影响的对外贸易低速增长（Baker et al.，2016）与发达国家制造业回潮"挤出效应"的双重外需冲击，我国制造业外需危机频现（袁凯华等，2019）。此外，自 2012 年进入经济新常态后，我国经济增长速度趋缓，制造业国内市场需求走低。前期主要由外需主导的制造业生产供给结构与人们日益增长的消费需求结构脱节，供需、产业与市场结构失衡。我国制造业亟须实现以国内市场为基础的制造业转型升级。为此，我国已于2011年、2015年颁布了《工业转型升级规划（2011—2015 年）》《中国制造 2025》，并在党的十九大报告中，强调我国要"发展先进制造业"，促进制造业服务化转型。

我国制造业服务化发展的研究起步较晚，2014 年后才成为热点（郑苏江，2020）。根据现有文献，我国制造业服务化发展仍在探索阶段，存在服务化整体水平较低（季小立和陈雯，2017）、"中等技术塌陷"与"低等技术替代"（吴永亮和王恕立，2018）、服务化动能不足（张恒梅和王曼莹，2017）、服务化升级模式与机制理论研究不充分、制造企业服务化失败频发（马风华和李江帆，2019）等理论与现实问题。国外对制造业服务化发展的研究经验较为丰富。早在 20 世纪 80 年代，范德默尔维和拉达（Vandermerwe and Rada，1988）提出了"制造业服务化"概念后，学者们就对其内涵与界定（White et al.，1999；Szalavetz，2003；Lightfoot et al.，2013）、驱动力及模式（Baines et al.，2009；Visnjic and Van Looy，2012）、水平测算（Cook et al.，2006；Kohtamaeki et al.，2013；Crozet and Milet，2014.）、影响因素及经济效应（Neely，2008；Göran，2015；Crozet and Milet，2017；Chen and Wang，2021）等进行了研究，为制造业服务化发展提供了坚实的理论基础与实践指导。

生产性服务业作为制造业产业链衍生的产物，与制造业关系密切。生产性服务业能够连通制造业与服务业，是制造业与服务业融合的重要纽带，对促进与完善制造业服务化具有积极的作用（Herbert and Michael，1989；Guerrieri and Meliciani，2005）。我国为促进生产性服务业的发展，相继推出了《国务院关于加快发展生产性服务业促进产业结构调整升级的指导意见》《"十三五"加快形成服务业主导的经济机构（25 条建议）》《中共中央关于制定国民经济和社会发展第十四个五年规划和二〇三五年远景目标的建议》等一系列有利于生产性服务业发展的政策措施。在此环境下，产业集聚逐渐成为生产性服务业的重要组织化形式（陈建军等，2009）。然而，学术界对生产性服务业集聚影响制造业服务化的经济效用的研究尚未充分展开。有学者认为，生产性服务业集聚能够通过产业集聚的外部性经济效应能够促进制造业服务化发展（Muller and Doloreux, 2008）。生产性服务业集聚能够通过深化制造业分工（邵安菊, 2014）、推进制造业与服务业融合（黄群慧和霍景东, 2013）、优化制造业服务化基础资源（闵连星等, 2015）等促使二者产生"共享—匹配—学习"的传导机制，进而推动制造业服务化转型升级。也有学者认为，生产性服务业集聚不能有效促进甚至抑制制造业服务化升级。他们认为，生产性服务业集聚度较低时产生的负外部性经济效应，会抑制高端生产要素的扩散和溢出，不利于制造业服务化升级（赵靓等, 2016；郭然和原毅军, 2020）。理论观点的争议会降低理论指导实践的有效性。此外，目前关于生产性服务业对制造业服务化升级的影响机理的研究多是从单独的个体角度进行，从两者互动关系角度分析其影响机理与路径选择的较少，且多以国外发达国家为研究对象，不能为我国的实践带来有效指导。

因此，本书从生产性服务业的角度，以产业集聚理论、产业互动理论与产业升级理论为基础，较为系统地分析了生产性服务业集聚对制造业服务化的影响、机理及有效路径。首先，对影响和机理路径进行了理论分析。其次，通过基础数据与现实案例分析预判生产性服务业集聚对制造业服务化的影响效应，并针对其可能存在的线性、空间与非线性经济效应进行了实证分析。再次，从产业集聚与产业关联两个角度对生产性服务业集聚影响制造业服务化的机制与具体路径进行了实证检验。最后，进一步扩展研究，从行业异质性、企业异质性角度研究了生产性服务业集聚对制造业服务化的影响。以上研究将为我国推动工业产业动能、实现现代化经济体系与高质量发展提供理论参考和实践路径指引。

1.1.2 研究意义

1.1.2.1 理论意义

近几年，国家越来越重视生产性服务业集聚对制造业发挥的积极作用，出台了一系列相关的政策措施。然而，目前我国的相关研究尚处在探索阶段，关于生产性服务业集聚对制造业影响的观点尚未形成基本共识。现有的生产性服务业集聚对制造业服务化的研究，虽然对生产性服务业集聚与制造业服务化的概念、动因、模式及二者相互影响的路径与机制进行了探讨，但是还没有系统、全面详尽的梳理与阐述，且在研究角度上倾向于企业，对制造业服务化的升级方式偏向微观模式探讨，较少从产业的角度考虑问题。此外，已有的理论观点大多是基于发达国家的研究，对我国生产性服务业集聚与制造业服务化的理论关注较少，没有考虑到发达国家与发展中国家的理论适应性。

基于上述学界对这一问题的研究状况，本书的研究首先界定了生产性服务业集聚、制造业服务化的概念与内涵，总结了其形成的动因、发展模式与产生的经济效应，丰富了相关问题的研究。其次，阐述了生产性服务业集聚对制造业服务化的经济效应、机理与路径，并以中国为例进行了实证，为相关领域的理论与实证研究提供了更多具有可参考性的研究思路和结论。最后，从异质性角度出发，分析了生产性服务业集聚行业、企业两个层面的异质性对制造业服务化的经济效应，进一步拓展了该问题的研究范围。

综上，本书的研究不仅丰富了生产性服务业集聚对制造业服务化的理论研究角度、内涵与方法，还在一定程度上弥补了生产性服务业集聚对制造业服务化影响研究较少的不足，具有重要的理论意义。

1.1.2.2 现实意义

从本质上看，实现制造业服务化即实现制造业产业升级。目前，我国处于工业化后期，制造业升级仍处在攻坚发展阶段，面临着外贸萎缩的外需不足和落后的生产体系与内部日益攀升的消费需求不匹配的问题。在此环境下，我国生产性服务业集聚积极作用的发挥也处于探索中，仍需要大量的理论来引导。然而，我国现有相关理论研究较少，指导实践的理论框架可能存在一定的偏颇。此外，现有可借鉴的国外成熟理论多集中在企业层面，这与我国的行政管理实际不十分契合。况且国内外相关研究的案例、实证等都是以国外数据为例，与我国的实际情况并不十分相符，不能够有效地指导我国发挥生产性服务业集聚对制造业服务化的积极作用。

因此，本书首先研究并验证了生产性服务业集聚对制造业服务化的影响效应、机理与路径，为我国发挥生产性服务业集聚对制造业服务化的积极作用提供了一定的理论支撑。其次，本书进一步研究了我国异质性生产性服务业集聚对制造业服务化的经济效应，为我国因业制宜、因企制宜提供了更多的经验证据与政策方向。最后，本书根据上述研究结论并结合发展中国家国情及中国特色的制度环境与经济形式，提出了推动生产性服务业集聚发展促进制造业服务化的具体建议措施，为我国实现制造业服务化、解决制造业大而不强的问题提供更为有效的理论指导。

综上，本书研究生产性服务业集聚对制造业服务化的影响、机理及有效路径与异质性经济效应，能够为我国有效实施供给侧政策、促进经济平稳有效运行、构建强大的国内市场、实现制造业强国与经济高质量发展，进而完善国家现代化经济体系，提供一定的参考，具有较强的实践意义。

1.2 研究内容与技术路线

1.2.1 研究内容

本书主要按照从理论到实践的研究思路，从定性和定量的角度对生产性服务业集聚影响制造业服务化问题，逐步深入地展开研究。首先，本书界定生产性服务业集聚与制造业服务化的内涵范围及相关概念，并从数据与案例两个层面观察了我国生产性服务业集聚与制造业服务化的发展现状，初步判断两者的关系及生产性服务业集聚对制造业服务化的影响作用。其次，本书对生产性服务业集聚对制造业服务化水平的影响、机理与路径进行了理论分析，并运用固定效应模型、空间杜宾模型、门槛模型与动态面板模型验证了影响的线性和非线性效应与外部性经济效应，选取中介效应模型，验证了生产性服务业集聚通过产业集聚效应与产业关联效应影响制造业服务化的路径的有效性。再次，本书进一步探讨了异质性生产性服务业集聚对制造业服务化水平的影响。最后，根据上述的研究成果及我国的具体国情，作者对生产性服务业集聚促进制造业服务化的具体路径措施提出了相关建议。详细研究内容如下：

第一章为绪论。主要包括选题背景与研究意义，研究内容与技术路线，研究方法、特色与创新点。

第二章为理论基础与文献综述。明晰了生产性服务业集聚的内涵与界定、动因与模式、测算及效应，制造业服务化的内涵与界定、动因与模式、测算及效应。梳理了产业集聚理论与产业互动理论以及生产性服务业集聚影响制造业服务化的相关理论观点。

第三章为生产性服务业集聚对制造业服务化水平的影响理论分析。主要包括生产性服务业集聚与制造业服务化发展的形成机制分析，生产性服务业集聚对制造业服务化的影响理论分析，生产性服务业集聚影响制造业服务化的路径。

第四章为生产性服务业集聚对制造业服务化影响的研判。在梳理生产性服务业集聚与制造业服务化的测度方法的基础上，选取 E-G 指数、微观企业甄别法衡量生产性服务业集聚与制造业服务化水平，计算了 2006—2018 年生产性服务业集聚水平、制造业服务化水平，从全国、区域、行业三个层面，运用数理统计分析与相关案例分析，预判了生产性服务业集聚是否影响制造业服务化及其影响的方向。

第五章为生产性服务业集聚对制造业服务化影响的实证分析。运用固定效应模型、空间效应模型、门槛效应模型与动态面板模型，分析生产性服务业集聚是否对制造业服务化存在直接效应、空间效应与门槛效应的影响，以及其影响的方向与程度。此外再扩展分析生产性服务业集聚是否对制造服务化具有负外部性效应影响。

第六章为生产性服务业集聚促进制造业服务化的中介效应检验。从产业集聚视角选取中介效应模型，验证了生产性服务业集聚通过集聚的MAR、JACOBS 和 PORTER 外部性经济效应降低制造业服务化的成本与风险，提升制造业服务化的程度与水平。从产业互动视角，验证了生产性服务业集聚通过服务业与制造业产业耦合效应促进制造业服务化创新能力，影响制造业服务化的质量、水平机理与具体路径的有效性。

第七章为生产性服务业集聚影响制造业服务化的异质性分析，主要分析生产性服务业集聚行业异质性对制造业服务化发展的影响、生产性服务业集聚企业异质性对制造业服务化发展的影响。

第八章为结论、启示与展望。综述前述章节研究成果，提出了推动生产性服务业集聚助力制造业服务化发展的政策建议，最后展望了今后研究的发展方向。

1.2.2 技术路线

根据研究需求，本书遵循"总体目标—理论分析—现实分析—实证分析—结论建议"的总逻辑，研究生产性服务业集聚对制造业服务化的影响及如何影响的问题，在不同章节采用了不同的技术方法，以期促进研究的合理性与科学性。

技术路线详情如图 1-1 所示：

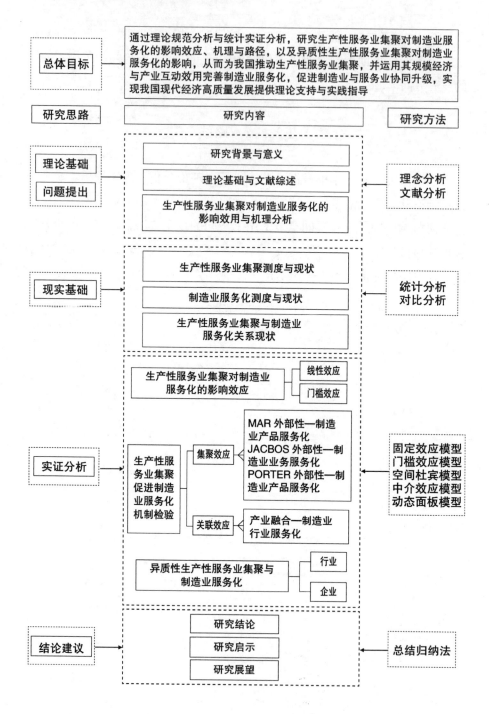

图 1-1　技术路线图

1.3 研究方法、特色与创新点

1.3.1 研究方法

为达到研究目的，本书在借鉴国内外已有研究成果的基础上，按照定性和定量分析相结合的方法，运用产业经济学的基础理论与相关统计、计量模型对生产性服务业集聚影响制造业服务化的经济效应、机理与路径以及外部效应异质性情况进行了理论与实证相结合的深入研究。具体的研究方法如下：

（1）文献研究法。通过查阅国内外相关文献来获得资料，从而全面地梳理出了生产性服务业集聚的概念、动因、模式、经济效应与制造业服务化概念、动因、模式与经济效应，以及两者互动相关理论的发展现状，并在此基础上提炼了影响的机理与路径理论。

（2）规范分析与实证分析相结合。本书在价值判断方面强调生产性服务业集聚对制造业服务化影响的理论及运行机理，采用规范分析给出相关的路径建议等，为国家的相关政策缺项提供助益。此外，选取中国作为主要研究对象，采用多种指标与计量模型进行实证分析，用实证结论来验证与丰富理论分析。

（3）定性分析与定量分析相结合。由于本书研究的问题涉及多学科的理论学说，所以采用定性与定量相结合的方法。采用定性方法分析生产性服务业、生产性服务业集聚、制造业服务化的概念、范围界定、影响机理等不易量化的问题；采用定量方法对是否影响、影响程度、方向以及路径效用、外部性经济效应等进行判定，从而保证研究的科学性和结论的可靠性。定量分析方法详情如下：

①统计指标。生产性服务业集聚测算。借鉴埃利森和格莱泽（Ellison and

Glaeser, 1997），选取具有自然优势、溢出效应和地方化程度[1]（类骁和韩伯棠, 2012）的 E–G 指数测量我国生产性服务业的空间产业集聚水平与特征。

制造业服务化测算。参考尼利（Neely, 2008）与王丹和郭美娜（2016），选取微观企业甄别法测算我国各区域制造业服务化程度、水平与特征。

②计量模型。固定效应模型。固定效应模型能够更具有甄别性地显示生产性服务业集聚对制造业服务化的影响，因此使用固定效应模型分析判断影响的存在性、方向及程度。

系统 GMM 模型。系统 GMM 模型能够将内生性问题进行较为科学有效的规避。因此，本书采用系统 GMM 模型解决主要指标间可能存在的内生性问题，验证本书的核心结论，深化本书的研究。

空间效应模型。生产性服务业集聚与制造业服务化在发展过程中往往会受到地域资源与环境的影响，因此其不可避免地存在空间效应。为进一步了解是否存在空间效应及其影响。本书选取空间杜宾模型（Dubin）进行相关问题的实证分析，并进一步引入了滞后一期，运用动态空间杜宾模型检验了本书核心结论的正确性。

门槛效应模型。根据集聚的动态外部性经济效用理论，生产性服务业集聚程度较低时，规模经济效应与其推动的产业互动增强效应都体现不足，只有在产业集聚水平达到一定高度后，才能充分发挥正外部性经济效应。因此，本书推测生产性服务业集聚对制造业服务化可能存在门槛效应，参考了汉森（Hansen, 1999）选取门槛回归模型来判断门槛效应。

中介效应模型。为进一步明确生产性服务业集聚对制造业服务化的影响机理的合理性及影响路径的有效性，本书选择中介效应模型来验证生产性服务业集聚促进制造业服务化的路径。

（4）归纳总结法。首先，本书对生产性服务业集聚影响制造业服务化的基础理论、机理和路径的基础理论与文献进行归纳总结。其次，本书对生产性服务业集聚对制造业服务化的影响效应、机理与路径及异质性干扰的实证结果、研究结论进行归纳总结。最后，本书根据以上归纳总结提出

---

① 因为市场集聚度是无法准确衡量地理集中度的，所以在其他条件不变时，企业数较少的产业，其 E–G 指数值较高。

促进我国生产性服务业集聚完善制造业服务化升级的有效措施。

1.3.2 主要特色与创新点

1.3.2.1 主要特色

本书的特色主要表现在研究的理论补充与实践指导意义。现有的关于生产性服务业集聚影响制造业服务化的研究大多围绕生产性服务业集聚、制造业服务化等独立角度进行研究与讨论，较少从二者的关系角度出发进行研究。现有的研究制造业服务化的文献，多是从微观角度探究制造业企业服务化升级，较少从产业视角分析该问题。本书的研究能够在一定程度上丰富现有的关于生产性服务业集聚与制造业服务化发展的研究。此外，与该领域的传统研究相比，本书在对问题进行分析时，更多地结合当前社会经济发展阶段，认识到流通业地位的转换与制造业发展的问题，从传统的流通业与制造业的关系理论研究，聚焦到现代的实践研究，在一定程度上更与时俱进。

1.3.2.2 创新点

本书的创新主要围绕研究的角度、内容、方法三个方面展开，详情如下：

角度创新。国内外关于生产性服务业集聚与制造业服务化的关系研究，大多停留在生产性服务业与制造业升级的理论层面，较少从现实存在的生产性服务业集聚层面考虑其对制造业升级的影响。本书将理论与经济发展的现实情况相结合，率先从生产性服务业集聚的视角，运用理论与统计分析，研究了生产性服务业集聚对制造业服务化的线性与非线性影响、机理及运行机制与具体路径。

内容创新。现有的关于生产性服务业集聚对制造业服务化影响的相关研究文献，大多集中在产业集聚所产生的外部性经济效应领域，较少观察到生产性服务业集聚带动二者的产业互动关系。然而，产业集聚带来的产业关联关系的变化也是产业间相互影响的重要部分。因此，本书在分析生产性服务业集聚影响制造业服务化的机理时，较为全面地考虑了产业集聚外部性经济效应下的规模经济效应与间接形成的产业关联关系，并实证了生产性服务业集聚对制造业服务化的影响机理与路径的有效性。

方法创新。由于没有连续的区域性投入产出表，制造业服务化水平测算不能采用完全消耗系数等指标代表法，所以采用微观的测算方法较为适合。本书在构建测算方法时参考了尼利（Neely，2008）的微观企业甄别法，并根据研究数据归纳整理了新的制造业服务业务分类，增加了制造业服务化衡量的合理性与准确性，为生产性服务化的测算与分析做了新的注解。此外，在整理数据统计口径时，借鉴许和连等（2017）的研究方法，解决了不同地域分析时制造业服务化的测算数据不足的问题，为同时分析相关问题提供了更为丰富的数据使用方法。

1.4 本章小结

首先，本章介绍了本书的研究背景与意义，认为全球经济服务化发展背景下生产性服务业集聚对制造业服务化越来越重要，然而理论界对此方面的研究还有待补充的领域。此外，我国进入经济新常态后受到全球经济不稳定性的影响，国内经济发展面临供需不平衡的问题，国际贸易面临贸易摩擦与争端加剧、贸易价值链地位锁定等问题。因此，为解决这些问题，有必要研究生产性服务业集聚对制造业服务化的影响，丰富已有的理论研究。其次，本章从研究生产性服务业集聚对制造业服务化的相关理论研究现状与我国运用生产性服务业集聚推动制造业服务化的原因和目标的角度，分析了生产性服务业集聚对制造业服务化的理论与现实意义。再次，本章详细阐述了本书的研究内容与技术路线。最后，本章说明了本书的研究方法、主要特色与创新点，认为本书的分析具有系统性与细节性结合的特点，不仅全面梳理了生产性服务业集聚影响制造业服务化的理论，还从微观角度叙述了生产性服务业集聚影响制造业服务化发展的机制与路径。相较于前人的研究，本书从角度、内容与方法三个层面进行创新，在一定程度上丰富了相关理论与实证研究的经验。

生产性服务业集聚
对制造业服务化的
影响研究

SHENGCHANXING FUWUYE JIJU

DUI ZHIZAOYE FUWUHUA DE

YINGXIANG YANJIU

第二章　理论基础与文献综述

本章首先总结了生产性服务业集聚的概念、范围界定、动因、发展模式与经济效应的相关研究。其次总结了制造业服务化的概念、范围界定、动因、发展模式的相关研究。最后对生产性服务业集聚与制造业服务化之间的关系，以及生产性服务业集聚对制造业服务化影响的理论与路径等相关文献进行了梳理，为本书研究生产性服务业集聚对制造业服务化的影响机制与路径机制奠定理论基础。

2.1 生产性服务业集聚

本节讨论了生产性服务业集聚相关概念、范围界定，动因与模式，测算及效应的研究。

2.1.1 生产性服务业内涵与界定

关于生产性服务业的相关理论研究经历了半个多世纪的发展，对其概念有了普遍认同与接受的释义，但是关于生产性服务业的内涵和范围却始终没有达成一致。不同的学者根据研究的目的、时间、地点与视角对生产性服务业的范围进行了不同的阐释。

2.1.1.1 概念界定

生产性服务业也被称为生产者服务业（producer services），是服务业的重要组成部分。最早对其概念进行阐述的是格林菲尔德（Greenfield，1966），他认为生产性服务业是仅向生产者提供服务产品与劳务的服务业。随后勃朗宁和辛格尔曼（Browning and Singelman，1975）与丹尼尔斯（Daniels，1985）从生产性服务业包含的内容角度界定了生产性服务业，认为生产性服务业是包含"法律、金融、商务等知识密集型的专业化服务"。豪威尔斯和格林（Howells and Green，1988）在服务业内容的基础上进一步增加了服务业类型视角，认为生产性服务业主要为其他企业提供服务，通常包括"银行、保险、商业服务、广告、市场调研、财务会计、法律服务和咨询研发等"。马歇尔等（Marshall et al.，1987）以服务活动为研究视角，提出生产性服务业几乎涵盖了包括与信息、实物商品与个人支持相关的所有服务活动。威廉等（William et al.，1989）从生产环节的角度，提出生产性服务业只是中间型投入而非最终产出，不直接用于消费的服务业。格鲁贝尔和沃克（Grubel and Walker，2019）从服务业形式的角度，认为生产性服务业"是为其他产品或服务生产提供中间需求的服务行业，是一种服务业形式的生产资料"。综上，从不同视角对生产性服务业的界定虽然不同，但其都表达了生产性服务业是为其他产业进行生产活动而提供服务产品与劳务的服务业。

国内较早研究生产性服务业概念的是闫小培和姚一民（1997）与侯学钢（1988）等人，他们参考西方学者以行业的性质与对象划分服务业，提出生产性服务业是为"信息收集、处理、交换、传递和管理进行的活动"，其主要服务主体为服务业中的组织与管理机构，而不是个体消费者。郑吉昌和夏晴（2005）从生产性服务业集聚的性质视角出发，进一步提出生产性服务业是市场化的非最终消费服务，即产品生产与消费中的中间投入服务，其出现在生产的各个阶段。他们还认为从行业类型上看，生产性服务业属于知识技术密集型服务业，它改变了服务业的内容、性质以及在国民经济中的地位，连接了各行各业，是国民经济的"黏合剂"。赵弘（2009）以服务业概念进行切入，提出生产性服务业是具有较高成长、集聚、辐射与就业程度的现代服务业，它是生产者在生产性服务业市场上购买的服务，主要为生产或商业商务活动而非对单独消费者提供的服务业。过晓颖（2013）综合生产性服务业的产业特征，将生产性服务业总结为不是主要用于满足直接消费性服务业的行业，而是"为满足中间需求所提供的具有知识密集性和广泛关联性的中间投入服务行业"。乔彬等（2019）将生产性服务业更加宏观地定义为"为制造业提供服务的行业"。

虽然当前对生产性服务业的定义还没有统一的观点，但是现有研究都普遍认同了生产性服务业是作为中间投入而非最终消费服务直接进入生产成本的；在生产的过程中，生产性服务业发挥着统领、控制、协调与评估的作用，具有较强的前向关联性；生产性服务业具有知识与技术密集型的行业特征，能直接将人力、知识和技术资本赋予产品与服务的生产中，提升产品的附加值，增强产业竞争力。因此，本书认为生产性服务业是为生产者柔性满足消费者差异性需求提供的所有具有知识密集型与广泛关联性的中间投入服务，而不是直接面对消费者的服务行业总称。

2.1.1.2 范围界定

研究者的研究视角、研究对象与研究方法等因素都会影响对生产性服务业的范围界定，所以生产性服务业的范围界定尚未形成统一的观点。勃朗宁和辛格尔曼（Browning and Singelman，1975）基于服务业的功能将服务业划分为"流通服务业、生产性服务业、社会服务业和个人服务业"四类，认为生产性服务业即"运输业、仓储业、通信业、金融服务业、证券业、保险业和广告业、设计业、信息业、顾问业、法律及会计业等服务业"。拜尔斯（Beyers，1993）认为生产性服务业是为制造过程提供投入的活动，具体包括"金融、保险、不动产、管理中心、商业和专业的服务"。安东内利（Antonelli，1998）认为生产性服务业本质上是具有知识密集型特征的商务服务业，代表部门包括"金融业、商贸服务业、广告业、信息通信业等"。钟韵（2007）参考国际划分生产性服务业的经验，将制造业服务化范围界定为："金融保险业、房地产业、信息咨询服务业、计算机应用服务业、可持续研究与综合技术服务业。"胡晓鹏（2008）基于新古典经济学生产性服务业的定义，认为以往的生产性服务业在划分时多是以运用生产性服务业促进经济增长为研究目的，较少从生产性服务业发展的角度考虑生产性服务业与制造业关联性。由于生产性服务业的许多数据难以呈现出可以统计的形态，已有的范围界定存在数量误差，所以胡晓鹏基于中国第三产业分类的聚类分析，提出生产性服务业的统计研究范围应为"资金流、知识流、信息流、物流"四类服务业务，包括"金融业、租赁业、科学研究和技术服务、信息传输、计算机服务和软件业、商务服务业、交通运输、仓储、批发零售业"。李善同和高传胜（2008）认为随着制造业从劳动密集型行业逐步向技术与知识密集型行业的升级，生产性服务业的行业范围也从传统的商务服务业扩张到包含"金融服务、商务服务与科技研发、信息服务"等技术与知识密集型服务业。

目前，学术界仍没有对生产性服务业范围界定的统一认识，世界各国与组织机构都对生产性服务业提供了具体内容和行业类型的划分，详情如表2-1所示。

表2-1 生产性服务业细分行业对比表

作者	范围
联合国国际标准产业分类（2008年版）	1. 运输和仓储；2. 信息和通信；3. 金融和保险；4. 房地产和租赁活动；5. 专业和科技活动；6. 行政和辅助服务活动；7. 教育
经济合作与发展组织（OECD）公布的投入产出表分类（2015年版）	1. 批发贸易及零售业；2. 交通仓储业；3. 通信业；4. 金融保险业；5. 房地产及商务服务业
关税与贸易总协定（GATT）的服务部门分类法GNS／W／120（1991年版）	1. 企业服务；2. 通信服务；3. 建筑和相关工程服务；4. 分销服务；5. 教育服务；6. 环境服务；7. 金融服务；8. 运输服务
美国商务部（BEA）	1. 商业及专门技术；2. 教育；3. 金融；4. 保险；5. 电子传讯；6. 外国政府
美国统计局（BOC）	1. 金融；2. 保险；3. 不动产；4. 商业服务；5. 法律服务；6. 会员组织；7. 其他专业服务
英国标准产业分类（SIC）	1. 金融；2. 保险；3. 不动产；4. 商业服务；5. 金融保险；6. 会员组织；7. 贸易协会
中国香港贸易发展局	1. 专业服务；2. 信息和中介服务；3. 研究开发；4. 会计审计；5. 工程测量与建筑服务
中国国家统计局生产性服务业分类（2015年版）	1. 研发设计与其他技术服务；2. 货物运输仓储和邮政快递服务；3. 信息服务；4. 金融服务；5. 节能与环保服务；6. 生产性租赁服务；7. 商务服务；8. 人力资源管理与培训服务；9. 批发经纪代理服务；10. 生产性支持服务
中国国家统计局生产性服务业分类（2019年版）	1. 研发设计与其他技术服务；2. 货物运输、通用航空生产、仓储和邮政快递服务；3. 信息服务；4. 金融服务；5. 节能与环保服务；6. 生产性租赁服务；7. 商务服务；8. 人力资源管理与职业教育培训服务；9. 批发与贸易经纪代理服务；10. 生产性支持服务

资料来源：表中部分内容转引自李金勇. 上海生产性服务业发展研究 [D]. 复旦大学博士论文，2005；过晓颖. 区域生产性服务业的集聚与创新研究 [M]. 经济科学出版社. 2013.

部分学者在结合所处国情与数据可得性后对生产性服务业范围进行了

明确的界定。过晓颖（2013）将生产性服务业划分为传统的生产性服务业与现代的高级生产性服务业，他认为传统的生产性服务业是以劳动密集型为特征的服务业，现代高级的生产性服务业为运用信息技术手段从制造业或其他产业中新分离外包出来的生产性服务业，包含"金融保险、商务租赁、信息服务、房地产业等知识密集型服务业"。吴福象和曹璐（2014）参考联合国贸易和发展会议（UNCTAD）的生产性服务业划分标准，并结合中国数据的可得性，提出生产性服务业范围包括："交通运输、仓储和邮政业；信息传输、计算机服务和软件业；批发零售业；金融业；租赁和商务服务业；科学研究、技术服务和地质勘查业"。庞娟和孙金岭（2016）基于生产性服务业包含的所有能够为制造业提供中间投入服务的服务业的观点，进一步提出生产性服务业统计范围包括："服务业、交通运输业、信息与IT行业、批零业、金融、房地产、商务租赁业、科技与信息咨询服务、水利及环境、居民服务、教育业、卫生保健业、文体与娱乐业、社会公共管理业。"

　　本书的研究基于广义的生产性服务业范围界定，即所有在生产过程中进行的中间投入服务活动，并依据我国2019年生产性服务业行业划分标准，结合目前的数据可得性，以二位数行业代码的标准划分生产性服务业的研究范围。

2.1.2 生产性服务业集聚动因与模式

2.1.2.1 生产性服务业集聚概念

　　集聚在《简明牛津地理学词典》中被解释为"产业、资本、人口向空间的集中"。所以，生产性服务业集聚即为生产性服务业资源与人口的空间集中动态行为。已有的研究中较少有对生产性服务业集聚进行概念与内涵的界定，大多直接借鉴前人对生产性服务业的界定来研究生产性服务业集聚，只有少数人重新界定了生产性服务业集聚，如基布尔和纳查姆（Keeble and Nacham，2001），将生产性服务业集聚定义为区域内大量生产性服务业集中。本书参考上文，认为生产性服务业集聚是生产性服务业的资源、人口等在一定区域内集中的动态过程。

　　现有对生产性服务业集聚机理的研究主要基于伊扎德（Izard，1956）、马歇尔（Marshall，1961）以制造业与工业为研究对象提出的集聚理论。然而，制造业与生产性服务业的生产方式与活动内容等具有明显的差异性。制造业是主要从事生产、营销和直接面对最终消费者的分销活动，生产性服务业则是主要从事服务其他组织或行业中间的生产活动（Moullaert and Gllouj，1993）。基于制造业的 Marshall 外部经济理论仅为本行业本地区的知识溢出，不能充分体现服务业跨行业、跨区域的知识溢出事实（Pinch and Henry，1999；Keeble and Wilkinson，2002）。此外，生产性服务业产业集聚的基本动因与制造业集聚也有明显差异，前者是企业追求收益剩余的表现，后者集聚是企业追求成本剩余的表现（李文秀和谭力文，2008）。所以，现有的解释制造业产业集聚的理论不能充分地阐述生产性服务业的集聚机理，应当结合生产性服务业的特征，从新的角度阐述生产性服务业集聚的动因与运行机制。

2.1.2.2 生产性服务业集聚动因

普遍认为经济进入后福特时期后，制造业生产方式与企业经营理念的改变，促进了生产性服务业的发展，进而形成产业集聚。如科菲和贝利（Coffey and Bailly，1992）提出后福特时期出现的弹性生产体系与生产性服务业具有关联性，合理地运用弹性生产方式能够提升生产性服务业的发展水平。莫拉尔特和加卢伊（Moulaert and Gallouj，1993）在弹性生产体系理论的基础上研究了外包的商务服务业集聚，认为服务外包与弹性生产体系加强了生产性服务业企业间的联系，是生产性服务业集聚的重要内在动因。斯科特（Scott，2010）同时考虑了柔性生产组织与空间影响，提出制造业灵活生产下的分工深化与规模经济扩张会促使生产性服务业空间迅速集聚。波特从价值链角度进行研究，认为柔性化的生产对制造业生产过程进行了垂直价值链分离，将原来在企业生产中的产品设计、研发、组织等都有效地分离出来，促进了研发、法律、管理和咨询等生产性服务业的发展，并受到运输成本的限制。此外，学者们还从不同的角度出发对其集聚的动因进行了研究，大致可以分为四个方面。

第一，面对面接触。生产性服务业是连接生产者与消费者的桥梁，所以直接的信息传递交换是最为有效的（Clapp，1980；Baro and Soy，1993；Aguilera，2003；Elliott，2005）。早在 1926 年便有学者指出面对面接触对生产性服务业具有重要意义，生产性服务业作为生产过程中的信息传递者，为产业链中各活动主体提供信息交换的辅助服务，但其给各活动主体提供的重要的可编码信息和默会信息只能通过"面对面接触"来传递（Muller，2002）。这种传播方式能够减少信息的搜寻时间与成本，降低交易费用，增强生产者间与生产者和消费者之间的信任（Coffey，2016）。而产业集聚能够增加面对面接触，帮助具有知识和信息密集特性的生产性服务业实现政府机构和各种关联组织之间进行知识信息高效交换。

第二，集聚效应。产业集聚会产生外部经济效应、规模经济效应、区位经济效应与城市化经济效应（Marshall，1987）。其中，正向外部性经济效应，如人力资源的溢出、劳动力的集聚和信息资源的共享（Pandit et al.，2011）等，会促进企业效率的提升（黄林，2012；钟廷勇等，2015）。规模经济效应能够整合周边的要素资源，降低企业生产成本，为生产性服务业带来更多的成本剩余（李胜会和李红锦，2011）。合理的区位经济效应会优化产业发展的环境，推动产业的可持续发展。城市化经济效应为产业注入新的管理理念与科学技术，促进产业升级。罗尔夫和斯坦因（Rolf and Stein，2002）从文化的角度切入，认为生产性服务业集聚后会促进集聚群内企业形成共同的信仰、价值观和默认的理解，增强企业间依赖，形成文化认同，进而使得群体内的企业都获益。总体上看，生产性服务业集聚的经济效应会为生产性服务业发展提供更多共享要素资源"蓄水池"的机会，降低生产成本，规避企业发展风险，并加强企业间的前向与后向关联。因此，为追求更多的利润，企业会选择集聚。此外，产业集聚形成的自我强化和路径依赖的特性，会使得生产性服务业发展模式持续保持在集聚状态（李金辉，2011）。

第三，创新需求。生产性服务业具有知识与技术密集型的特征，所以基于人才、知识与技术的创新活动是生产性服务业长远发展的基础（Alexander，1979）。在生产性服务业集聚下，企业能够通过企业间的合作交流、非正式的社会网络、集聚群内的劳动与技术资源流动自主形成学习机制，进而推动生产性服务业的创新（Iammarino，2008）。过晓颖（2013）以服务创新的视角研究了生产性服务业集聚，提出生产性服务业集聚是产业创新的主要动能，是生产性服务业创新发展的必经之路。程中华和刘军（2015）从集聚的空间溢出角度研究了生产性服务业集聚对产业创新的影响机理，认为生产性服务业集聚能够通过多样化集聚的 JACOBS 外部性经济效应与产业内竞争的 PORTER 外部性经济效应来提升产业的整体创新水平。雷振丹和陈子真（2019）从区域创新的视角进一步提出，生产性服务业集聚的 JAOCBS 外部性经济效应主要通过"服务、投入多样化、便利企业沟通与产业信息共享"来促进区域的创新。所以，提高创新效率是生产性服务业集聚的主要动因之一。

第四，产业联动。生产性服务业是其他部门生产的中间环节，所以生产性服务业与生产者和消费者具有紧密的联系，生产性服务业的发展对这种联系具有重要意义。生产性服务业的集聚形成知识、资本与技术资源的共享会进一步加强生产性服务业与制造业以及其他生产部门的前向与后向关联性（Illeris，1989），而产业关联对产业协同集聚具有显著的促进作用（Ellison，2010）。当生产性服务业在具有全球化的区位集聚后，其将拥有向全球各行业关联扩散的能力，从而大幅提升生产性服务业的发展（程中华，2016）。与此同时，生产性服务业由于与制造业等各生产产业的关联性，受到产业联动带来的协同、耦合机制作用，也会趋向且积极实现产业集聚（何骏，2010）。

2.1.2.3 生产性服务业集聚模式

已有对生产性服务业集聚模式的研究主要从集聚的空间特征、集聚动因与行业特征三个角度进行。从空间特征上看，生产性服务业集聚的模式可以划分为"中心–外围集聚模式""星状集聚模式""马歇尔式新产业区模式"（Naresh and Gary，2003）。从动因角度看，生产性服务业集聚分为自下而上的企业集聚模式与自上而下的政府引导两种集聚模式（王晓玉，2006）。从行业集聚特征上看，生产性服务业集聚分为专业化与多样化两种集聚模式（陈晓华和杨莹莹，2019）。

2.1.3 生产性服务业集聚测算及效应

2.1.3.1 生产性服务业集聚度测算

目前生产性服务业的概念与范围界定尚未形成统一观点，所以受到各自研究视角、研究方法与研究数据类型等的影响，国内外学者们对生产性服务业集聚度水平的研究也呈现出多元化的特征。从数据使用上主要可以分为两类：

①从宏观和中观层面以行业和国家数据为主的生产性服务业集聚衡量方法。包括：第一，区位熵法。如基布尔等（Keeble et al.，1991）选取区位熵方法，研究了商业服务业集聚对区域发展的影响。埃斯库拉等（Ezcurra et al.，2006）考虑到产业集聚的空间因素，改进了生产性服务业集聚的区位熵法，提出了生产性服务业专业化集聚的区位熵测算方法。张素庸等（2019）运用改进后的区位熵指标，研究了生产性服务业多样性、专业性集聚与知识溢出对绿色全要素生产率的影响。文丰安（2018）借鉴费瑟（Feser，2002）导入"引力模型"的区位熵方法与库姆斯（Combes，2000）的多样性指标，研究了产业集聚的空间溢出对高质量经济发展的影响。雷振丹和陈子真（2019）选用区位熵的变异系数 G 测评了生产性服务业的专业性集聚。第二，空间基尼系数法。如吴福象和曹璐（2014）采用空间基尼系数测算生产性服务业集聚度，研究了生产性服务业集聚的机理与生产性服务业和制造业耦合的悖论问题。陈红霞和李国平（2016）运用空间基尼系数衡量了生产性服务业空间集聚的特征与效用，发现生产性服务业空间集聚具有"均衡 – 非均衡"的特征，分布上呈现"多中心极化"现象。第三，定义指标替代。费伦肯等（Frenken et al.，2007）通过生产性服务业从业人口的比例，研究了生产性服务业的多样化集聚水平。陈建军等（2009）选取工业总产值比重作为生产性服务业集聚的替代指标，从新经济视角研究了生产性服务业空间集聚水平、动因与影响因素。周明生和陈文翔（2014）选取各省份非农 GDP 作为生产性服务业集聚地替代指标，研究了生产性服务业对经济增长的空间影响。庞娟和孙金岭（2016）从空间的角度，选取卫星定位及互联网技术测度出的生产性服务业城市覆盖密度作为生产性服务业集聚的替代指标，研究了生产性服务业集聚的外溢效应。邓琰如和秦广科（2020）选用区位熵计算生产性集聚水平，并选取生产性服务业就业人数与生产总值设定了集聚规模、集聚效力与集聚活力构建了四个维度两个层面的生产性服务业集聚水平评价体系，评估了沿海地区生产性服务业水平。

②从微观层面以企业数据为主的生产性服务业集聚测量方法。包括：

第一，行业集中度。该方法主要运用CRn与赫芬达尔指数对生产性服务业集聚进行测算。如韩峰等（2014）与张文武等（2020）采用改进的赫芬达尔指数研究了生产性服务业多样化集聚对中国企业出口生存的影响。第二，E-G指数。如埃利森（Ellison，2010）运用E-G指数法衡量了生产性服务业产业集聚水平，研究了生产性服务业与制造业产业关联对产业协同集聚的影响。

2.1.3.2 生产性服务业集聚效应

马歇尔（Marshall，1987）是最早研究产业集聚的学者，他利用地方化概念阐述经济活动空间集中的经济效益。随后，韦伯（Weber）等将集聚经济细分为大规模经济、内部规模经济、地方化经济和城市化经济四类。克鲁格曼（Krugman，1993）、亚瑟（Arthur，1994）、富吉塔和克鲁格曼（Fuijita and Krugman，1999）等均对产业集聚与集聚经济进行了深入研究，并将产业集聚理论研究扩展到集聚经济效应研究。当前对生产性服务业经济效应的研究主要集中在生产性服务业对经济发展、制造业、碳排放等的直接经济效应、门槛经济效应与空间经济效应三个层面。第一，直接经济效应。由于生产性服务业作用经济发展中的"黏合剂"，能够通过促进贸易、增加商品产出，推动各部门生产发展（Riddle，1986）。目前，学术界基本认可了生产性服务业集聚对国家及区域经济增长、制造业升级、产业竞争力提升与绿色生产发展等经济活动的促进作用。有学者发现生产性服务业的产业集聚并非始终能促进各部门经济发展。生产性服务业集聚是一个动态发展的过程，但不是一个始终进行的活动，在到达成熟的临界点后，生产性服务业集聚会出现拥挤效应、竞争效应，从而减缓集群内企业的成长速度，减缓或停滞产业集聚的速度（肖沛余和葛幼松，2019）。第二，门槛经济效应。行业的发展往往会受到环境的影响，因此生产性服务业集聚对制造业服务化的影响也会受到环境中影响产业发展动能因素的干预而呈现出非线性的特征。与此同时，这些影响因素也会改变生产性服务业集聚的水平，进而影响制造业服务化的发展方向与程度，出现门槛效应（纪玉俊，2015）。第三，空间经济效应。由于产业集聚不仅会对集群产业产生集聚效应，还会通过集聚增强集群内产业关联与互动关系，所以生产性服务业集聚不仅会对制造业效率与结构升级产生促进作用（宣烨，2012），还会辐射周边地区，产生空间外溢效应（于斌斌，2016）。

2.2 制造业服务化

本节讨论了制造业服务化的基本理论，相关概念、研究范围界定、动因与模式，制造业服务化测算及效应。

2.2.1 制造业服务化内涵与界定

自莱维特（Levitt，1976）发表《服务的产业化》，发现美国经济的增长新竞争优势是制造业企业的服务提供。学者们对制造业服务化的关注日益增加，目前已形成了对制造业服务化的一些基本认识与观点。但是由于学者们研究的角度、实践、地域不同，他们仍没有对制造业服务化达成较为统一的概念解释与范围界定。

2.2.1.1 制造业服务化概念

制造业服务化也被称为服务型制造业，最早对制造业服务化进行概念界定的是范德默尔维（Vandermerwe，1988），他提出制造业服务化是制造企业为增加核心产品的价值，而以客户为中心提供更为全面的市场套餐或提供包含"商品、服务、支持、自助服务和知识的组合的'包'"的现象。怀斯和鲍姆格特纳（Wise and Baumgartner，1999）进一步提出制造业服务化不是一种静止现象而是一个动态过程，他认为制造业服务化是制造业向产业链下游的具有更高价值的服务产品转移的过程。绍洛韦茨（Szalavetz，2003）将制造业服务化划分为内部服务化与外部服务化。随后，学者们从自身研究的角度进一步丰富了制造业服务化概念的解释，如马科尔（Makower，2001）从企业销售的角度，提出制造业服务化就是制造业企业从"卖产品本身向卖产品的功能或服务"或从"买产品向买服务"的转变。尼利（Neely，2008）从企业业务视角出发，将制造业服务化定义为制造业企业为获得更高的收益而从销售商品转变为销售"产品＋服务"或"服务"过程中进行的组织能力与运营流程的创新。贝恩斯（Baines，2009）从服务创新的角度，提出制造业服务化是指"制造业企业从销售产品向销售具有使用价值的产品和服务集成商品的转变"，是一种组织和能力的创新。马蒂厄和伊曼纽尔（Matthieu and Emmanuel）延承了这一观点，提出制造业服务化是指为满足消费者需求制造业通过提供服务来完善或替代原有产品的功能转变过程（Crozet and Milet，2017）。格鲍尔等（Gebauer et al.，2006）与格鲍尔和弗莱什（Gebauer and Fleisch，2007）从企业运营的角度，认为制造业服务化即制造业企业售后营销业务的发展、服务盈利能力的提升与商业价值的增长（Smith，2012）。

国内对制造业服务化的概念定义主要依托于国外的研究经验，如季小立和陈雯（2017）基于范德默尔维和拉达（Vandermerwe and Rada）的研究，提出制造业服务化是指制造业企业在生产与流通产品的过程中，向产品增加服务内容或比重，进而推动"'制造'与'服务'叠加和深度融合"的过程。刘继国和李江帆（2007）与姚小远（2014）基于绍洛韦茨（Szalavetz，2003）的制造业服务化内涵分类（内部服务化与外部服务化），认为制造业服务化可以分为投入服务化与产出服务化，且产出服务化对经济发展的意义更为重要。也有部分学者从不同角度重新解读了制造业服务化的概念。如刘斌等（2016）从价值链的视角，认为制造业服务化是制造业通过消费者的参与服务要素的投入和支持，最终使价值链各参与者实现价值增值的过程。陈丽娴和魏作磊（2019）从要素的层面，将制造业服务化概念定义为制造业在生产过程中逐步增加服务要素来替代实物要素的过程。

整体来看，虽然现有对制造业服务化的概念界定没有较为统一的描述，但都认识到了制造业服务化的基本性质是制造业功能转变升级的过程。综上，本书从企业的角度，将制造业服务化定义为制造业企业为得到更高的利润而从提供产品向提供产品＋服务或服务替代产品的功能转变与价值链升级的过程。

2.2.1.2 制造业服务化研究范围界定

由于现有文献没有对制造业服务化内涵的统一定义，所以制造业服务化研究范围的界定也比较模糊，大致可以分为三类：第一类，要素层面，制造业服务化为服务要素在制造业生产各环节中的要素投入比例。该层面的研究主要基于投入产出表，将制造业服务化定义为制造业部门生产一单位最终产品直接或间接消耗的服务部门要素总和（胡昭玲等，2017）。第二类，行业层面，制造业服务化为服务业与制造业产业融合的一种具象表现。姚小远（2014）认为，制造业产业价值链从制造转向服务，制造业企业与服务产业界限变得模糊，产业融合加速，形成了制造业服务化这一全新的产业模式。第三类，产品层面，制造业产品服务化体现为，制造业为满足消费者所提供的产品从以服务为附加到以有形商品为附加的产品内容的转变。尼利（Neely，2008）通过对美国制造业企业的研究，将制造业企业的服务化业务归纳为"咨询服务、设计和开发服务、租赁服务、维修和保养服务、外包和运营服务、采购服务、财产和不动产、销售和贸易、解决方案服务、储存、运输服务"共11个具体业务。王丹和郭美娜（2016）在尼利的基础上根据上海市制造业服务化业务发展实际状况，认为"技术服务、工程项目、进出口业务、向国外派遣劳工、相关配套服务、售后服务、广告和出版服务"也是制造业服务化的产品体现。由于制造业服务化是以企业为依托发展的，所以本书借鉴并融合了行业层面与产品层面对研究范围的界定，将制造业服务化的研究范围设定为我国制造业分类中提供服务化产品的企业。

2.2.2 制造业服务化动因与模式

2.2.2.1 制造业服务化动因

制造业服务化的起源可以追溯到20世纪60年代"系统营销"的推广，制造业服务化是制造业为了快速并柔性地满足消费者需求而进行的改变。现有制造业服务化动因相关的研究大致可以分为三类：第一类，产业链升级。怀斯和鲍姆格特纳（Wise and Baumgartner，1999）基于全产品生命周期理论，认为服务业向产业链下游的延伸是制造业服务化的主要动因。戴维斯（Davies，2003）进一步从制造业企业的角度切入，认为制造业升级基于"产品生命周期"规律下的产业链与价值链攀升轨迹，随着产业链上下延伸，进而催生出"一体化解决方案"的制造业服务化体系。第二类，价值链升级。赵一婷和刘继国（2008）基于波特（Porter）价值链理论，提出制造业作为价值链的基本活动，其生产易被模仿，相较于辅助活动的服务环节差异化竞争优势较低，所以制造业为提升价值链竞争能力，会将价值链从"以制造为中心转向以服务为中心"，实现制造业服务化。简兆权和伍卓深（2011）基于产品价值的"微笑曲线"理论，进一步说明了制造业为了向"微笑曲线"的两端延伸，而将价值创造方式从以产品为主导逻辑向以顾客为主导逻辑再向以服务为主导逻辑的转变有效地推动了制造业核心价值链从制造业向服务业的升级。第三类，增强企业竞争力。皮尔斯（2005）认为消费者的认同与忠诚是企业核心竞争力的重要衡量与基础构成因素，所以制造业企业的核心竞争优势是顾客需求满足程度与强化顾客对企业创造的价值体系的认同感（Max et al.，2013）。传统制造业企业要提高竞争力，需要修正以生产为导向的产品制造业文化，增强对市场需求的敏锐度，为市场提供消费者需要且不能依赖自身资源直接获得的产品或价值体系。所以，企业在重建价值链体系的过程中，不仅要注重产品质量的提升，还要注意产品生产中消费者的技术咨询与支持服务需求，故此形成制造业服务化。

2.2.2.2 制造业服务化模式

现有对制造业服务化模式的研究文献大多以产品作为服务化模式的划分核心，但由于学者们的观察角度与研究时期略有不同，所以对制造业服务化模式的研究仍没有形成普遍认同的观点。梳理相关研究观点，大致可以分为两大类：第一类，从产品的不同角度横向划分制造业服务化发展模式。如安筱鹏（2012）认为制造业服务化的发展模式有四类，分别是基于产品效能提升的增值服务、基于产品交易边界的增值服务、基于产品整合的增值服务、基于产品的服务到基于需求的服务。李天柱等（2018）则认为制造业服务化的基本模式可以分为产品延伸服务化、产品增强服务化、核心技术服务化与业务单元服务化四类。第二类，从制造业服务化不同的发展时期角度纵向地划分制造业服务化模式。早期制造企业进行服务化的方式主要依赖于"服务注入"，制造业企业主要通过向消费者提供基于产品的附加服务如"客户服务、售后服务、服务支持、合作伙伴和服务外包"来实现企业服务化（Gebauer，2010）。后期大多数制造业企业都开展服务化后，已有的"服务注入"服务化模式不能进一步地增强企业的差异化竞争优势，为了实现更高的利润与提高消费者服务水平，企业以价值共创体系理论为基础，向消费者提供"产品＋服务包"（综合解决方案），从而进一步连接消费者价值与企业产品或服务的潜力（Bakas et al.，2013）。以上两类制造业服务化的发展模式，都是基于制造业产品层面的划分，没有从制造业企业发展的角度去考虑制造业服务化模式划分，本书则从动态的角度，将制造业服务化的发展模式划分为产品服务化、业务服务化与行业服务化。

2.2.3 制造业服务化测算及效应

2.2.3.1 制造业服务化测算

由于制造业服务化内涵界定尚未形成统一，所以对制造业服务化的测定也具有差异性。整体上大致可以分为三类：第一类，以生产性服务业内涵划分的投入服务化与产出服务化为理论基础的投入产出法，如彭水军等（2017）基于1995—2011年的OECD数据库，运用SAD投入产出方法研究了我国出现的"服务化悖论"问题。陈丽娴和魏作磊（2019）运用投入产出法计算制造业服务要素的直接与完全消耗系数作为制造业服务化衡量指标，研究了制造业服务化对劳动者工资的影响。第二类，从微观的角度聚焦于制造业产出服务化的企业甄别法，如尼利（Neely，2008）以全球25个国家的制造业上市公司为样本，运用企业甄别法研究了制造业企业的服务化水平与企业绩效的关系。王丹和郭美娜（2016）以上海市88家制造业上市企业为样本，研究了制造业企业服务化水平对企业绩效的影响。第三类，根据个人的理解或研究需求从不同角度自设或选取代理指标进行测量的自定义指标法，如姜铸和李宁（2015）选取微观数据研究了服务、制造业服务化与企业绩效的关系，其中对制造业服务化的测量参考服务创新的指标设计，将制造业服务化划分为投入服务化、产出服务化与企业绩效三个维度，并根据自定义权重测算了制造业服务化指标。戴翔（2016）、袁凯华等（2020）

从价值链增值的角度，基于 1997 年、2002 年与 2007 年区域间投入产出表，运用"制造业出口服务增加值"作为制造业服务化水平的测度指标，研究了国内价值链发展对制造业服务化的推动作用。

综上，以上三种制造业服务化的测算方法从不同角度较为完善地衡量了制造业服务化的发展水平。但是第一类投入产出法较为抽象地反映制造业服务化的发展问题，在具体对策建议方面存在一些瑕疵。第三类自定义指标法，具有较强的主观性，在客观事实呈现上也可能存在一定程度的误差。第二类企业甄别法不仅能够更加聚焦制造业服务化对经济社会发展运营意义更大的领域，还能够从企业的角度观察制造业服务化的发展现状与问题。

2.2.3.2 制造业服务化效应

制造业服务化是一种重要的企业战略，能够为传统制造商创造额外增值能力（Wisc and Baumgartne，1999）。相较于传统的制造业产品，服务化过程中集成的服务产品具有较强的差异性，且生命周期长，更容易抵御基于低成本经济的竞争，有效增强了制造业企业的竞争力（Oliva and Kallenberg，2003；Slack，2005）。所以，研究制造业服务化的经济效用能够更有效地促进企业的发展，推动行业结构的升级，助推国家整体经济的发展。现有关于制造业服务化经济效用的研究可以分为企业、行业、宏观经济三个层面：第一，企业层面，姜铸和李宁（2015）分析了西安 181 家制造业企业数据，发现制造业服务化对企业绩效具有较强的提升作用。张伯超和靳来群（2020）以微观企业数据为基础，研究了制造业服务化率水平对企业创新研发的影响，发现制造业服务化水平对企业创新的影响呈现出倒"U"字形的特征，并会受到企业性质、规模与劳动密集的影响进而改变影响效果。第二，行业层面，肖挺和蒋金法（2016）以主要制造业国家为样本，研究了制造业服务化对行业绩效与全要素产出的影响，发现制造业服务化水平对行业绩效与全要素生产率存在"双刃剑"作用。一方面，制造业服务化促进行业绩效与全要素生产率提升。胡昭玲等（2017）基于 WUOD 跨国面板数据，研究了制造业服务化对产业结构的影响，发展制造业服务化对产业结构升级起到促进作用。李晓华（2019）根据制造业服务化理论，提出制造业服务化发展有助于增强制造业行业竞争力，提高制造业行业中的服务化要素投入与产出进而促进制造业企业价值增值，促进我国经济高质量发展。另一方面，如果制造业行业不能在面对市场变化的时候迅速进行自我调整，就会陷入"服务化困境"中。张伯超和靳来群（2020）基于中国制造业企业微观数据，研究制造业服务化对企业研发的影响，发现制造业服务化在"适度区间"内对企业创新研发具有促进作用，超出"适度区间"反而会抑制创新发展。第三，宏观经济层面。吴云霞和马野驰（2020）基于2000—2014世界投入产出表数据，发现制造业服务化发展对我国参与全球价值链程度的影响具有"天花板"效应，但对我国制造业在全球价值分工体系中地位的上升具有显著的推动作用。刘珊珊（2021）选取部分世界投入产出表，采用投入产出法测算了中日制造业服务化水平，发现制造业服务化水平对国家国际竞争力的影响呈现出倒"U"字形的特征。

综上，已有关于制造业服务化对中国制造业企业、行业乃至全国的经济效应研究，都表明了制造业服务化发展会促进我国经济进一步增长。但在发展制造业服务化的过程中，如若我国相关辅助产业发展模式、结构等方面存在问题，也会使得制造业发展陷入"服务化陷阱"中。

2.3 生产性服务业集聚影响制造业服务化

本节阐述了产业集聚与产业互动理论，并梳理了生产性服务业集聚对制造业服务化影响的研究，为后文分析生产性服务业集聚影响产业集聚的理论与路径进行铺垫。

2.3.1 产业集聚理论

2.3.1.1 传统的产业集聚理论

马歇尔是最早关注产业集聚现象的新古典学派经济学家，他运用产业区概念分析了产业集聚的形成机理，提出了外部经济与规模经济是产业集聚的主要动因，产业发展受到外部经济与规模经济下劳动力市场优化、产业专业化投入增加与信息溢出的影响，会逐步趋于产业集聚（马歇尔，2005）。马歇尔的产业集聚理论虽然与当今的科学研究相比，缺乏理论模型与实证研究，但其对产业集聚的思想是产业集聚理论研究的基石。

韦伯与胡佛对马歇尔产业集聚思想进行了延伸，提出了企业区位理论。他们认为外部经济是整个产业发展所引起的产业内整体生产企业产生的成本剩余，内部经济则是企业发展的规模经济，并进一步讨论了外部经济为什么以及如何促进产业集聚。其中，韦伯运用模型对外部经济促使产业集聚的理论进行了解释，但他仅运用了集聚经济的外部经济概念，并没有充分阐释集聚经济本身。而胡佛提出群体经济概念对这一问题进行了补充（胡佛，1992），他将区位经济与城市经济的差异化引入理论分析框架中，认为群体经济相关的外部性不仅包含群体内专业化经济的外部性，还包含政府的公共投入，进一步完善了产业集聚理论。

实际上，佩鲁的增长极理论也丰富了产业集聚理论。他分析了产业关联、外部型经济推动产业集聚，进而促进经济增长的过程，并据此讨论了产业集聚对经济增长的非均衡问题。佩鲁认为产业系统内存在有活力的推进型产业，在产业关联的过程中，经济增长的均衡会被经常打破，因此要理解并促进经济增长，就需要将研究聚焦于推进型产业。一般情况下，这些推进型产业拥有较大的市场规模，能够引导创新并支配其他生产部门，从而引导经济资源促进经济增长。与此同时，在佩鲁的分析框架下，经济地理区位与国界都能形成壁垒，所以这些产业的集聚会通过引导生产的集聚形成辐射效应来调整产业结构以促进经济增长。

除了外部经济与规模经济的产业集聚解释理论，合作竞争与路径依赖也是阐述产业集聚的理论。该理论认为，企业会为降低交易与搜寻成本、促进企业竞争力而选择集聚。企业之间为形成长久的信赖关系，而不断地强化已有路径，形成路径依赖（Martin，1999），最终进一步推动企业之间的集聚。此时，产业集聚区内的小企业通过协商合作拥有了像大企业的内部规模经济。产业集聚区内不再是单纯地只存在单一产业的专业化集聚，也会形成产业链纵向与横向并存的多样化产业集聚。与此同时，受到柔性专业化理论的影响，学者们开始运用竞争与路径依赖解释产业集聚的理论并逐步形成了新产业区位理论。

综上，传统的产业集聚理论主要从外部性经济效应、产业内部的协作与合作方面阐述了产业集聚理论。

2.3.1.2 新产业集聚理论

美国商学院的学者波特（Porter）在他 1990 年出版的《国家的竞争优势》一书中提出了"产业群"概念，并运用"钻石"分析方法从企业竞争优势的角度重新阐述了产业集聚理论。波特认为竞争优势不是来自产业或者国家而是企业，而企业的竞争优势主要来源于企业的创新能力，其中最核心的是企业的产品与工艺创新。波特还认为要实现企业核心要素的创新需要有效且充裕的需求、足够的要素投入、适度的竞争压力与特定的供应商之间的联系，而产业群就是企业为追求这一功能提升和要素优化的外在表现。企业在产业群内提升生产效率，促进劳动市场供需匹配，增加企业获得专业化信息的途径，为企业提供更多创新机遇。此外，政府对产业群进行的公共基础投入会进一步优化企业的发展环境，增加企业的竞争优势。可以看到，虽然波特阐述产业集聚理论的角度不同，但其对产业群外部性的分析与马歇尔提出的企业外部性在本质上是一致的。

保罗（Paul）从新经济地理的角度阐释了产业集聚理论，提出了产业集聚"中心 – 外围"理论。保罗认为产业集聚的外部性是更一般性的外部性，其包含需求与供给的问题，而不涉及纯粹的技术外溢问题。在此基础上，他将地理因素引入产业集聚地分析框架中，运用"两区域"模型阐述了国家或企业为实现规模经济，降低运输成本，而倾向选择大区域市场的需求，以及这种大市场需求与制造业分布的互动关系。此外，保罗还进一步表明，贸易成本也是企业选择集聚与不集聚的重要因素，若贸易国之间的贸易成本不高，产业集聚就具有可持续性。

综上，新产业集聚理论主要由波特代表的企业竞争优势理论与保罗代表的新经济地理理论组成。近年来，学者们通过对产业集聚发展的进一步研究，发现产业集聚的 MAR、JACOBS 与 PORTER 外部性会同时存在于产业集聚群中，对集群内产业与相关联产业产生影响。

2.3.2 产业互动理论

产业互动思想萌发于工业革命时期，并随着工业化的发展而不断完善，逐步形成产业互动理论。普遍认为，产业互动即产业间以政府与市场为调节方式而实现的共同发展行为，其互动形式主要包括产业的前向关联、后向关联、协同与融合。现有的对生产性服务业与制造业服务化关系的观点主要可以划分为三类。一是"需求遵循论"，即制造业需求主导生产性服务业发展。从生产性服务业发展的内部需求角度出发，制造业是生产性服务业的重要市场需求来源，制造业发展会增加对生产性服务业的需求规模，促进其发展。从外部环境的角度来看，制造业能够为相邻的生产性服务业提供生存市场，生产性服务业依托这些市场能够获得更多的利益（Goe，1990）。因此，为能够发展得更好，生产性服务业的发展必须依托制造业的发展（Rowthorn and Ramaswamy，1999；Guerrieri and Meliciani，2005）。二是"供给主导论"，即生产性服务业会逐步主导制造业生产。该观点主要认为生产性服务业的发展是制造业行业竞争力增强的约束条件。生产性服务业的发展对制造业的生产效率具有重要的提升作用（Illeris，1996），它能够减少制造业的中间投入资源，提升制造业的专业化与劳动分工效率，进而促进制造业劳动生产率的提高（Eswaran and Kotwal，2002）。所以，制造业要实现良好发展，则会受到生产性服务业供给的约束。三是"互动相辅论"，即二者相互促进共同发展，主要观点为生产性服务业能通过延长制造业产品生产链、提升制造业价值链地位与制造业形成协同创新等，增强制造业的产业竞争力（Pappas，1998）。与此同时，制造业作为生产性服务业发展的基础产业，其产业升级又会促进生产性服务业的发展。在生产性服务业深度参与制造业的生产过程中，产业日益模糊，生产性服务业与制造业相互融合共同发展，形成新的互动关系（Park and Chan，1989；Preissl，2007）。

近年来，随着我国生产性服务业与制造业的发展，学者们对二者的互动关系进行了更深入的研究。他们一方面肯定了已有的生产性服务业与制造业间的"需求遵循论"与"供给主导论"的相关结论，如刘书瀚等（2010）与高觉民和李晓慧（2011），实证分析了我国生产性服务业与制造业的关系，发现二者之间存在显著的关联效用与互动关系。杨萍（2015）从产业结构演进视角，比较分析了多国生产性服务业与制造业之间的互动关系，进一步提出我国生产性服务业与制造业虽然存在互动关系但程度较弱。凌永辉等（2017）从地区与行业的层面，运用联立方程分析了生产性服务业对制造业的关系，发现生产性服务业与制造业存在显著的不对称关系。另外，还从产业互动的角度，研究了生产性服务业与制造业互动的新模式，即主要从产业关联、协同与耦合的角度出发进行研究。如陈建军等（2011）以我国浙江省的 76 个城市为例，提出我国生产性服务业与制造业存在协同定位的互动关系。白清（2015）从价值链的视角分析了生产性服务业与制造业的协同互动关系，认为生产性服务业能够运用产业集聚的协同定位来扩大制造业的规模收益，并通过与制造业的产业融合来提升制造业价值链地位，影响制造业发展。

综上，现有的产业互动理论包含了产业上下游的关联、协同与融合发展，对生产性服务业集聚与制造业服务化的产业互动关系的研究，基本认同了二者具有双向互动关系，佐证了生产性服务业集聚能够促进生产性服务业的发展进而促进制造业升级，提升制造业服务化水平的理论逻辑。但是，已有的文献中仍没有较为直接且系统的研究，阐述生产性服务业集聚与制造业服务化之间的关系。

2.3.3 生产性服务业集聚影响制造业服务化的研究

目前，直接研究该问题的文献较少，相关文献大多集中在生产性服务业集聚对制造业升级或服务业、流通业集聚对制造业服务化影响的层面。因为制造业服务化本质上是制造业升级，而生产性服务业集聚的基础是生产性服务业发展，所以可以借鉴相关的研究探索生产性服务业集聚对制造业服务化的影响。梳理文献，大多数学者认为生产性服务业集聚对制造业服务化具有促进作用，主要表现在集聚效应与关联效应两个方面。

第一，集聚效应。从本质上看，生产性服务业的集聚效用对制造业服务化的影响即生产性服务业的集聚效用对制造业升级的影响。已有研究主要可以分为直接效应、空间效应与门槛效应三类。第一类是直接效应层面，学者们认为生产性服务业集聚对制造业升级的影响，主要通过跨产业知识溢出（Wood，2006）、技术创新（乔彬等，2014）与合理的集聚模式（詹浩勇等，2017）促进制造业生产率水平上升，对促进制造业服务化发展产生积极作用（刘奕，2017；李平，2017）。第二类是空间效应层面，学者们认为生产性服务业对制造业服务化具有空间溢出效应。如费尔德曼和奥德雷奇（Feldman and Audretsch，1999）运用基尼系数研究生产性服务业集聚效应，大城市的技术革新产生的知识外溢不仅对本产业发展具有促进作用，还会对相关产业产生促进作用，所以生产性服务业集聚产生的技术革新的知识外溢能够促进其集聚区相关制造业的发展。藤田昌久和蒂斯（2004）进一步研究了生产性服务业的空间集聚问题，发现生产性服务业空间集聚已逐渐成为一种城市经济的趋势，并对制造业升级具有显著的促进作用。宣烨（2014）从空间的角度运用计量模型，进一步实证了生产性服务业集聚对集群内和周边地区的制造业升级均有促进作用。第三类是门槛效应层面，卢飞和刘明辉（2016）基于我国30个省市的相关数据，运用计量模型，验证了生产性服务业集聚程度对生产性服务业促进制造业升级具有门限效用。

第二，关联效应，学者们认为生产性服务业能够通过产业集聚来增加与制造业之间的关联度，并通过关联度的增加间接影响制造业服务化的发展。如张明斗等（2021）通过我国262个城市数据，运用空间计量，验证了生产性服务业与制造业存在协同集聚，且二者协同集聚会促进地区内经济的发展。鄢飞（2021）聚焦生产性服务业的细分行业物流业，发现物流业与制造业存在协同集聚现象，且二者的投入产出关联度越高，对周边地区的知识外溢效应越明显。

2.4 研究评述

通过梳理已有文献，笔者发现国内外学者对生产性服务业集聚与制造业服务化的概念与内涵已有了基本的认识，并从产业集聚与产业关联的角度探讨了生产性服务业集聚对制造业服务化的相关研究，初步阐释了生产性服务业集聚对制造业服务化的直接经济或间接经济效应。但是，由于研究视角与范围的不同，还没有形成系统的理论，仍有值得进一步研究的空间。

第一，现有文献中对生产性服务业集聚影响制造业服务化的直接研究较少，且仅有的相关性研究中大多聚焦在国家或行业层面，利用微观层面进行的实证研究较少，不能够充分地反映真实现状。因此，本书将聚焦企业，以微观企业数据并运用产业理论，分析探究生产性服务业集聚对制造业服务化的影响问题。

第二，关于生产性服务业与制造业服务化的关系，学术界对生产性服务业与制造业的互动关系已有研究，普遍认为生产性服务业与制造业具有双向促进的互动关系。但由于生产性服务业集聚与制造业服务化的概念、内涵与经济效应均尚未形成明确并具有普遍认同性的观点，所以对二者关系的讨论也存在争议。为此，本书将在研究中进一步明晰生产性服务业集聚、制造业服务化的概念，并从行业角度明晰该问题。

第三，关于生产性服务业集聚对制造业服务化的影响与机理，现有的文献较少对生产性服务业与制造业服务化的机理进行讨论，仍没有形成较为完善的系统性研究结论。所以，本书将构建研究系统，重点阐释生产性服务业集聚影响制造业服务化的机理与路径。

第四，关于生产性服务业集聚影响制造业服务化延伸问题的讨论，已有的文献初步讨论了异质性生产性服务业集聚影响制造业发展的问题，但对其异质性产业集聚影响制造业服务化的关注较少，理论探索方面的薄弱不利于推动相关产业的发展。因此，本书将从异质性的角度延伸对该问题的研究视角。

生产性服务业集聚
对制造业服务化的
影响研究

SHENGCHANXING FUWUYE JIJU

DUI ZHIZAOYE FUWUHUA DE

YINGXIANG YANJIU

第三章　生产性服务业集聚
　　　　对制造业服务化的
　　　　影响理论分析

本章主要阐述了生产性服务业集聚影响制造业服务化的理论、机理与路径。首先，阐述了生产性服务业与制造业服务化的形成机制；其次，梳理了生产性服务业与制造业服务化的关系，分析了生产性服务业集聚对制造业服务化的影响机理与经济效应；最后，进一步分析了生产性服务业集聚影响制造业服务化的具体路径，并总结了生产性服务业集聚对制造业服务化的影响、机理与路径，为之后的关于生产性服务业影响制造业服务化的实证研究奠定基础。

3.1 生产性服务业集聚机制

生产性服务业是生产的中间环节，其本身就是生产者与生产者、生产者与消费者之间的桥梁。因此，其与各个产业具有密切的联系，相较于其他产业更容易形成产业集聚。本书对生产性服务业集聚的动因相关文献进行梳理，发现生产性服务业的集聚动因大致可以分为资源禀赋、产业关联、物质基础、文化基础四个维度，它们相辅相成，共同促使生产性服务业形成产业集聚。

如图 3-1 所示，生产性服务业的四维度资源推进形成产业集聚的具体机制运行情况。第一，从资源禀赋维度来看，劳动力、资本、技术与知识要素的集中会促进生产性服务业集聚。根据产业集聚的外部性理论，产业集聚会形成人力资源蓄水池效应，并有利于资本、知识与技术要素的溢出。所以生产性服务业企业为获得更多稳定的生产要素，会选择集聚。第二，从产业关联维度来看，产业融合、耦合与协同会增强产业集聚。伴随着服务经济的发展，生产性服务业与制造业的产业边界逐渐模糊，呈现出产业融合化的发展态势。制造业与服务业产业的融合发展有利于制造业服务化转型，进而促使制造业对生产性服务业的需求扩张。此时，生产性服务业企业受到交易成本的约束会选择与制造业协同定位，逐渐形成集聚。第三，从物质基础维度来看，较高的城市化水平、发达的工业化水平与边界交通仓储会促进生产性服务业集聚发展。首先，我国后工业社会阶段，以无形服务为主的工业化发展需求会进一步促进制造业服务化发展（Daniel Bell，1974），进而增加制造业与生产性服务业的关系，推动生产性服务业与制造业协同定位，产生更依赖于地域的产业集聚行为。其次，区域交通与仓储的便利会降低企业间的交易成本，为降低生产成本实现利润最大化，企业会选择在交通便利的区域发展并形成集聚。第四，从文化基础维度上来看，鼓励性政策制度、自由的经济制度与传统的贸易习惯是生产性服务业集聚的主要动因。首先，鼓励性政策的发挥，会引导生产性服务业发展，直接促进生产性服务业集聚；其次，自由的经济制度能够降低产业集聚的转移风险，保障了产业集聚的可实现性；最后，生产性服务业作为服务业的一种，具有传统服务业交易的特征，面对面是其交易媒介中效率最高的，所以生产性服务业更倾向于本地发展，从而形成集聚。

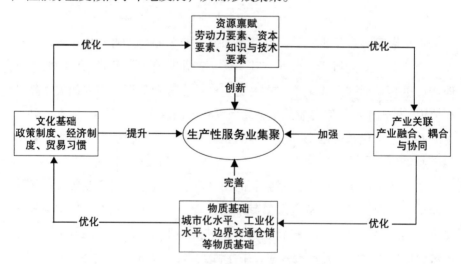

图 3-1　生产性服务业集聚机理图

资料来源：作者整理绘制。

3.2 制造业服务化机制

3.2.1 制造业服务化的形成机制

本质上，制造业服务化是产品生产从有形向无形转变的一个过程，其最终目的是提高行业竞争力，获得更多的价值收益。因此，对制造业服务化的形成机制研究主要从产业链、价值链与相关的企业内部需求与外部环境四个层面进行分析。在产业链层面，工业产业升级会向附加值更高的产业发展，所以制造业会逐渐向高附加值的服务业产品转型，进而形成制造业服务化。在价值链层面，根据产品生命周期理论，制造业升级会沿着价值链从低到高的规律发展，当企业在所处价值链环节的生产达到一定水平后，会通过兼并与融合价值链上游与下游进行扩张。其中，下游产业的融合即制造业生产过程中注入或叠加服务产品或劳务的价值，也是形成制造业服务化的主要动因。在企业内部需求层面，市场经济的变革将制造业的基本需求从追求成本剩余转向收益剩余。制造业服务化中产生赋有服务价值的服务化产品增加了产品质量的多维性，在不完全信息化的市场内，更能够增加产品的价值，为制造业生产带来收益剩余。制造业企业为追求更大的利润，会主动选择服务化战略，形成行业服务化。在外部环境层面，消费者对产品需求的复杂化，要求制造业企业不能仅提供简单的产品生产，需要提高产品的复杂度，且增强产品的差异化。因此，制造业企业在提高产品复杂度，增强产品差异化的过程中逐步实现了服务化的产业升级。

综上，本书认为制造业服务化的运行机制如图3-2所示，主要由四类驱动共同作用形成。第一类，外部环境。外部环境是指对制造业服务化产生影响的政策环境、市场环境与要素环境。政策环境主要为支持与鼓励制造业服务化的政策；市场环境主要为消费者需求的复杂性，要求制造业提供符合消费者需求的复杂性与差异化的服务化产品；要素环境是指制造业服务化所需要的资本、知识等要素资源。服务化创新是制造业服务化的重要动因，而服务化创新需要丰富的资源作为发展基础。优良的资源环境能够提升制造业服务化的发展动能，提高制造业服务化水平。第二类，外部驱动。外部驱动是生产性服务业与制造业产业融合和制造业产业升级规律的内在要求。二者的产业融合，模糊了服务业与制造业的产业边界，降低了制造业向服务业转型的壁垒，减少了其服务化风险（黄群慧和霍景东，2015）。此外，制造业产业升级会遵循产业升级的规律从价值链地位低的制造业行业向价值链地位高的服务业转型，增强制造业服务化动机。第三类，内部环境。内部环境是指制造业在生产过程中的内部服务效率。制造业在生产的过程中需要服务的投入，主要体现为产品生产环节的研发、设计，企业运营环节的员工后勤、员工培训、财务管理以及企业组织中的法律、金融与会计业务。企业内部服务效率的上升，会减少企业的成本，也更有利于企业将服务化投入转化成服务化产出，实现企业的服务化发展。第四类，内部驱动。内部驱动是指制造业企业以市场需求为导向生产的必然要求。市场经济进入供给需求主导时代，不断产生新的产品、服务带来新的价值才能够满足消费者需求的市场观念已经形成（陈知然和于丽英，2014）。企业向顾客提供典型的售后等服务业务可以迅速增加企业的利润（Cohen et.al.，2006），仅进行纯粹的制造业生产的企业利润会低于附加提供服务的制造业企业（Neely，2008）。企业作为理性的经济主体，会开展具有更高利润的服务化战略。

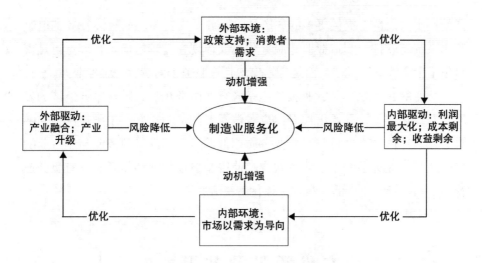

图 3-2 制造业服务化形成机制图

资料来源：作者整理绘制。

3.2.2 制造业服务化的发展机制

制造业服务化发展的核心是企业的价值从"制造价值"到"制造价值＋服务价值"再到"服务价值替换制造价值"的价值升级。所以其发展过程主要呈现出三个阶段：第一个阶段，企业主要以产品为载体提供附加服务（胡查平和汪涛，2016）；第二个阶段，企业主要提供增强消费者竞争力的服务业务；第三个阶段，企业主要提供完全去制造业的服务化产品。制造业服务化发展过程总体呈现出沿着产品、业务与行业服务化层级递进的特征（李天柱等，2018）。基于此，本书将制造业服务化的发展分为企业产品的服务化、企业业务的服务化与行业的服务化三段历程。

产品的服务化。埃格特森（1990）指出，"在完全信息化的世界里，商品的所有方面都可以无成本地被度量和索价，所以标准的经济学会忽视质量的多维性问题"，然而现实的市场是不存在完全信息化的，所以产品质量的多维性对生产形成引导效应。制造业服务化为产品注入服务化的特性，增加产品质量的多维性与价值，是制造业升级的重要路径。

业务的服务化。制造业服务化从最初的仅在产品基础上增加服务项目如"售后与维修"等，后由于受到消费者需求升级，市场主导转变的影响，开始逐步向消费者提供更多的"产品＋服务＋支持"。如购买 IBM 的电脑兼送系统与软件，制造业业务服务化主要体现在管理层面，管理不再是仅服务于生产者进行生产，而是开始出现直接服务于消费者的服务业务。

行业的服务化。制造业服务化完成行业服务化后，随着服务经济的发展与专业化分工，开始出现专门应对消费者的部门，并逐步延伸出独立的服务业运行体系。这种与服务业本质相似的运营部门是服务业与制造业的兼容纽带，促进了两个产业的融合，使得制造业行业整体开始具有服务业特征，如"定制化产品"与"一体化解决方案"等。

3.3 生产性服务业集聚对制造业服务化的影响理论分析

3.3.1 生产性服务业与制造业服务化的关系

学术界对生产性服务业与制造业服务化的关系理论阐述，总体上可以概括为"需求遵循论""供给主导论""互动相辅论"三种观点（顾乃华等，2006）。虽然解释的理论各有不同，但都承认了生产服务业与制造业服务化关系密切，二者之间存在互动关系。

生产性服务业来源于制造业服务化。伴随着制造业升级生产方式变革，制造业逐渐向弹性的生产体系发展。与此同时，随着交易成本的降低与制度技术的完善，制造业专业化分工日益提升，释放出大量知识与人力资本，促进了生产性服务业的发展（周师迅，2013）。此外，制造业企业为满足差异化的消费者需求，与服务业不断融合，进一步推动了生产性服务业的发展。

生产性服务业促进制造业服务化。制造业生产变革的最终目的是能够柔性地满足消费者的差异化需求，与之相似的是生产性服务业的发展正是基于柔性的生产体系，所以生产性服务业的发展能够满足制造业实现其产业升级的最终目标（张振刚等，2014）。制造业升级是其逐步从以劳动力密集型产业转变为技术、资本和知识密集型产业的过程，制造业服务化是制造业从原始的生产方式向以更高要素为主的生产方式升级的必经阶段。从产品生命周期理论来看，制造业服务化是制造业升级过程中沿着价值链向下游的扩张活动（赵弘，2009），所以能够联动价值链上、中、下游，与各产业都具有关联的生产性服务业，能够通过降低信息搜寻成本、促进资源整合与推动创新等，提升制造业服务化水平。此外，根据奥地利学派提出的生产迂回学说（Rroundabout of Production），"除了较高的资本密度外，生产过程中的重组和迂回也是提高生产效率主要因素"（Grubel and walker，1993）。具有知识、科技与资本密集的行业特征的生产性服务业，能够通过迂回生产将人力资本、知识资本与先进科技传递到生产中，为制造业产品注入更多高附加值的要素。

生产性服务业与制造业服务化具有互动关系。帕里内洛（Parrinello，2004）通过实证研究，证明了生产性服务业与制造业服务化具有在技术关联下不断加强的互动关系。孔德洋和徐希燕（2008）通过对生产性服务业与制造业服务化之间的协同集聚效应的研究，进一步证明了两个产业的互动关系。一方面，生产性服务业能够提高制造业的知识水平，增加其收益剩余。另一方面，制造业服务化过程中，由专业化分工促使下的产业服务外包也直接促进生产性服务业的发展（霍景东和黄群慧，2012）。

综上，本书认为生产性服务业与制造业服务化存在互动关系。如图3-3

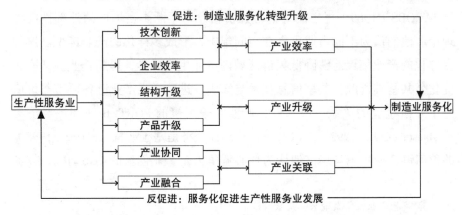

图3-3　生产性服务业与制造业服务化互动关系图

资料来源：作者整理绘制。

所示，生产性服务业来源于制造业服务化，并促进制造业服务化，制造业服务化升级后又会促进生产性服务业的发展，二者呈螺旋式上升发展态势。

3.3.2 生产性服务业集聚对制造业服务化的影响机理分析

本质上看，分析生产性服务业集聚对制造业服务化的影响机理，即分析服务业集聚对制造业升级的影响机理。服务业的集聚能够从产业集聚效应与产业关联效应两个层面影响制造业服务化。

在产业集聚效应层面，企业或产业在某一特定区域集中而产生的经济效益，被统称为集聚经济（Agglomeration Economy），如专业化分工、规模经济与技术进步等。生产性服务业集聚主要通过集聚的外部性影响制造业服务化。根据现有的文献，产业集聚的外部性主要有三种：第一种，MAR 外部性经济[1]。产业专业化集聚的 MAR 外部性经济是阿罗（Arrow，1962）与罗默（Romer，1986）基于马歇尔（Marshall）外部性经济概念进一步用"干中学"与"规模经济报酬"分析解释外部性经济形成的理论。他们认为同一产业的区域集中能够为该行业提供更多种类繁多且成本低廉的非贸易投入与服务，从而提升该行业的专业化水平与生产效率。第二种，产业多样化集聚的 JACOBS 外部性经济[2]。JACOBS 外部性经济是亨德森（Henderson，1974）、帕尔（Parr，1965）与瓦格纳（Wagner，2000）基于 JACOBS（1969）提出的外部性经济概念，不断丰富形成的外部性经济理论。他们认为不同产业也会在空间集中，形成多样化的产业集聚。这种多样化的产业集聚能够降低集群区域内产业生产成本，提高企业生产率，优化公共基础资源，共享信息技术与知识，进而增强产业链各环节与价值链上下游企业的关系。第三种，产业竞争集聚的 PORTER 外部性经济[3]（Glaeser et al.，1992）。PORTER 外部性经济是基于波特（Porter，1998）的价值链产业集聚理论，他认为核心竞争力是企业创新的重要动能，技术

---

① 是指专业化集聚带来的规模经济。

② 是指产业多样化集聚带来的知识溢出与贡献，主要表现为城市化经济。

③ 是指区域范围内企业大量集聚既会形成竞争或垄断的市场结构，也会影响企业间知识溢出的效果。

创新能够推动企业发展，促进产业升级。企业在空间地理上的集中，能够增强企业的竞争意识，推动企业创新，促进集聚区域内产业升级。此外，产业集聚形成的竞争效应还能够完善产业集聚区域内的市场监督与管理政策，保障和增加市场潜力，促进企业发展。虽然这三类外部性经济都是基于制造业产业集聚得出的，但也同样适用于生产性服务业。

生产性服务业集聚对制造业服务化影响的机理如表 3-1 所示，生产性服务业集聚对自身及相关产业的影响主要是通过学习、匹配或共享三种机制来实现。具体来看，生产性服务业集聚通过 MAR 外部性经济、JACOBS 外部性经济与 PORTER 外部性经济增加制造业成本剩余与收益剩余，进而促进制造业服务化整体发展。首先，生产性服务业集聚的 MAR 外部性经济会提升生产性服务业产业专业化水平，促进制造业的专业化分工，进而提升集群内信息、技术与知识的外溢，从而提升制造业的生产效率。此外，制造业的专业化分工，有利于制造业向高价值链环节延伸，提升制造业服务化的动机。其次，生产性服务业集聚的 JACOBS 外部性经济不仅能够促进集群内技术创新与生产率水平的提升，多样化的产业链与价值链分工企业的集聚还能够加速信息、技术与知识的溢出，降低制造业的交易成本，减少制造业的服务化风险。再次，生产性服务业集聚的 PORTER 外部性经济不仅能够稳定集群内制造业企业对服务的购买，增强制造业企业对市场的敏感度，降低制造业企业的搜寻与交易成本，还能够促进制造业服务外包，推动制造业专注发挥比较优势，实现产业升级，最终提高制造业服务化水平。

表 3-1 服务业产业集聚的三种外部性经济理论

名称	机制	表现
MAR 外部性经济	学习、匹配、共享	专业化分工
		信息技术外溢
		人力资源共享
JACOBS 外部性经济	匹配、共享	产业链延伸
		价值链延伸
PORTER 外部性经济	学习、匹配	市场与公共基础建设
		技术创新与知识溢出

资料来源：作者整理绘制。

在产业关联效应层面，生产性服务业集聚主要通过加强生产性服务业与制造业的关联效应，促进制造业服务化。如图3-4所示，生产性服务业集聚能够促进集群内企业技术创新，从而增强生产性服务业与制造业之间的产业关联、融合效应（Banga，2005；文丰安，2018；赵玉林和裴承晨，2019）。产业关联效应增加后能将更先进的知识、技术与资本等要素融入制造业产品中，增强制造业产品的附加值，延伸制造业的价值链，为制造业提供更多收益剩余，促进制造业产业升级，增强其服务化动机。与此同时，生产性服务业集聚与制造业通过产业集聚的跨行业外溢效应协同集聚（Ke et al.，2014），还能为制造业提供更多与服务业交流的平台、路径，进而降低制造业人才培育费用、服务设施费用等，增加其成本剩余，释放并缓解制造业服务化的风险，促进制造业服务化的发展。

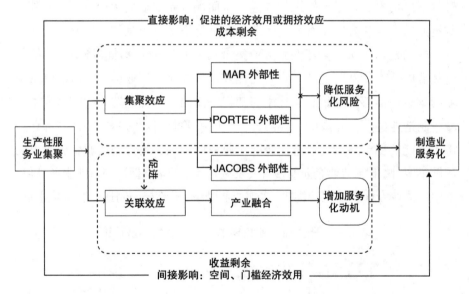

图3-4 生产性服务业集聚对制造业服务化的影响机理图

资料来源：作者整理绘制。

综上，生产性服务业集聚通过直接的产业集聚效应与间接的产业关联效应，提高制造业成本剩余与收益剩余，进而促进制造业服务化的发展。

3.3.3 生产性服务业集聚影响制造业服务化的经济效应

生产性服务业的集聚效应能够通过劳动力与人才资源共享、技术溢出、规模经济等，优化生产性服务业生产率（Brulhart and Mathys，2008；Otsuka and Goto，2010），提高生产性服务业对制造业发展的基础与辅佐作用，促进制造业服务化。生产性服务业集聚还能够通过对自身的推动，来促进服务业与制造业升级进而促进制造业服务化（夏杰长，2008）。此外，生产性服务业集聚的正向外部性经济效应能够增强两个产业之间的关联性，有助于制造业尽快实现专业化分工，向更高附加值的服务经济发展，加快制造业服务化进程。所以，理论上生产性服务业集聚能够通过集聚带来的集聚效应与关联效应直接推动制造业服务化的发展。

因为制造业产业区位转移较低，所以作为生产产业的中间服务行业的生产性服务业，也更倾向于围绕需求市场而固定在某一区域，形成产业集聚。由于生产性服务业集聚是基于空间的产业或资源集中行为，所以其对制造业服务化的影响必然会受到集聚区位的空间影响，并对制造业服务化产生空间效应。目前已有的关于生产性服务业集聚的溢出效应研究已表明，生产性服务业能够在已形成的集群空间中对同空间制造业服务化产生影响，也能够对其相邻空间的人力资源、知识与资本等要素产生吸引或排斥的溢出效应，从而影响其他空间制造业服务化的发展，且生产性服务业集聚对制造业服务化空间影响的方向与程度取决于生产性服务业集聚所形成的溢出效应的方向与程度。因此，理论上，生产性服务业集聚会对制造业服务化产生空间经济效应。

在经济的发展过程中，没有任何行业能完全脱离经济环境的影响。所以，生产性服务业集聚与制造业服务化都会受到外部经济环境的影响，生产性服务业集聚对制造业服务化的影响也会受到外部经济因素的影响，呈现出不同的方向或不同程度的影响。与此同时，生产性服务业集聚与制造业服务化不仅受到产业关联的影响，还会受到彼此关联的内在因素的影响从而发生改变。这些影响生产性服务业集聚促进制造业服务化的外生与内生变量，可以看作是生产性服务业集聚对制造业服务化的门槛变量，对其形成经济调节的门槛效应。

3.4 生产性服务业集聚影响制造业服务化的路径分析

根据前文对生产性服务业发展机制的研究，制造业服务化的发展从产品服务化、业务服务化到行业服务化逐步或平行发展。因此，生产性服务业作为服务制造业生产的中间产业，对制造业服务化的影响也渗透到制造业服务化发展的各个环节中。生产性服务业集聚主要通过发挥产业集聚的MAR 外部性经济效应和 PORTER 外部性经济效应促进制造业产品服务化；发挥产业集聚的 JACOBS 外部性经济效应促进制造业业务服务化；运用产业集聚推动生产性服务业与制造业产业融合促进制造业行业服务化。具体路径机理如下。

3.4.1 MAR、PORTER 外部性经济效应促进制造业产品服务化

生产性服务业集聚能够通过集聚的外部性经济效应来促进制造业升级，提高制造业服务化水平。一方面，生产性服务业通过专业化集聚的MAR 外部性经济效应促进制造业服务化发展。首先，生产性服务业集聚通过提高集群内产业专业化水平（Daniels，1985），实现规模经济，提升生产性服务业生产率（Boschma and Minondo，2012），并弥补因为社会分工深化与泛化而增加的交易费用，降低制造业服务外包的中介服务交易成本（Eswaran and Kotwal，1989；Kotwal，2002）。其次，生产性服务业的集聚能够促进集聚群内的劳动力资源共享，使制造业企业能够稳定地雇佣到劳动力，降低了人才培养与搜寻成本，最终促使制造业将更多的资源用于产业升级，实现以提供服务为核心的产品生产模式。另一方面，生产性服务业集聚

会加剧企业竞争，通过竞争效应淘汰过剩产能，促进企业创新（韩峰等，2014），并促进生产性服务业将更多的知识、技术与创新等要素融入制造业产品中（刘斌等，2016），增强制造业产品的复杂性与差异性，加快制造业产品服务化。此外，生产性服务业集聚的 PORTER 外部性经济效应，能够促进集群内企业市场化改革，完善集群内制造业服务化的商业政策环境（Ciccone and Hall，1996），进而提升制造业产品的服务化保障水平，增强制造业服务化动机。

3.4.2 JACOBS 外部性经济效应促进制造业业务服务化

生产性服务业多样化集聚会提高企业创新与技术外溢，进而延伸制造业产业链与价值链，促进制造业业务服务化。根据王（Wang，1993）与汉斯达（Hansda，2001）的"技术池观点"与"市场区观点"理论，生产性服务业多样化集聚可以增强厂商之间的技术交流与合作，并通过吸纳专业化的技术人才向该地区集聚，进而推动制造业技术创新和科技进步，促进制造业产业升级。此外，生产性服务业多样化集聚提高了集群内的技术扩散效率，并引导所服务的制造业企业采用新技术、新方法和新工艺，推动制造业向高价值链的服务环节融入，促进制造业业务服务化。与此同时，生产性服务业多样化集聚会增强制造业企业对外部市场的适应力，增强制造业企业与消费市场的交互，推动制造业企业实现业务服务化。

3.4.3 生产性服务业集聚下的产业融合促进制造业行业服务化

生产性服务业集聚通过与制造业的协同定位能够促进两个产业的融合，进而将更多的知识、技术要素注入制造业的生产过程中，从制造业的投入与产出双层面上提升制造业服务化水平。此外，产业融合增强了生产性服务业对制造业的信息与技术溢出，为制造业服务化提供了更多的机遇，如学习先进服务业的知识交流平台，引进服务业的先进科学技术等。促进制造业融入价值链高端环节，增强制造业的专业化分工与技术水平，从而有效降低了制造业进行服务化的风险。与此同时，产业融合能够降低制造业向服务化发展的进入壁垒，增强制造业服务化的动机，进而提高制造业服务化整个行业的服务化水平。

3.5 本章小结

本章通过分析生产性服务业与制造业服务化的形成机制、生产性服务业与制造业服务化的关系、生产性服务业对制造业服务化影响的经济效应，以及生产性服务业集聚影响制造业服务化的路径，对生产性服务业是否以及如何影响制造业服务化进行了理论分析。主要结论如下：

第一，生产性服务业集聚主要是由资本要素、产业关联、物质基础与文化基础四个维度的要素资源共同推进而形成的。

第二，制造业服务化是由外部环境、外部驱动、内部环境与内部驱动共同推进的。其中，外部环境包括政策支持与消费者需求，外部驱动包括产业融合与产业升级，内部环境主要包括以市场为导向的生产模式，内部驱动包括利润最大化、成本剩余与收益剩余。

第三，从制造业服务化发展层面分析，制造业服务化发展机制为制造业产品服务化、业务服务化、行业服务化三个层面的服务化攀升过程。

第四，生产性服务业与制造业服务化具有互动关系，即生产性服务业的发展会促进制造业服务化发展，制造业服务化的发展又会进一步促进生产性服务业的发展。生产性服务业集聚从直接的产业集聚效应与间接的产业关联效应两个层面影响制造业服务化。在产业集聚效应层面，生产性服务业集聚通过发挥集聚的 MAR、JACOBS 与 PORTER 外部性经济效应促进制造业服务化集聚。在产业关联效应层面，生产性服务业集聚通过增强生产性服务业与制造业产业融合来促进制造业服务化。因此，生产性服务业集聚能够对制造业产生直接经济效应、空间经济效应与门槛经济效应。

第五，生产性服务业集聚影响制造业服务化的路径主要有三条：第一条，生产性服务业集聚的 MAR 与 PORTER 外部性经济效应促进制造业产品服务化；第二条，生产性服务业集聚的 JACOBS 外部性经济效应促进制造业业务服务化；第三条，产业集聚推动的生产性服务业与制造业融合促进制造业行业服务化。生产性服务业集聚在三条路径的共同作用下，能够进一步推动制造业服务化的发展。

生产性服务业集聚
对制造业服务化的
影响研究

SHENGCHANXING FUWUYE JIJU

DUI ZHIZAOYE FUWUHUA DE

YINGXIANG YANJIU

第四章　生产性服务业集聚
　　　　对制造业服务化
　　　　影响的研判

首先，比较分析了生产性服务业集聚与制造业服务化的测度方法，选取了 E-G 指数与微观企业判别法，计算了我国 2006—2018 年生产性服务业集聚与制造业服务化的状态。其次，从数据层面，以全国、区域与行业三个视角，对我国生产性服务业集聚影响制造业服务化的特征、现状与趋势进行分析。最后，对生产性服务业集聚影响制造业服务化进行案例实证分析。

4.1 指标量化测度

4.1.1 生产性服务业集聚测度方法

生产性服务业集聚的测度与产业集聚的测度一脉相承。从研究角度上来划分，可以将测度方法分为行业测度与空间测度及两者融合考虑三个层面。具体测度方法详情如下：

4.1.1.1 空间测度

意大利经济学家基尼根据洛伦兹曲线提出基尼系数（Hugh，1920），该指标最开始是阐述研究对象的分布均匀程度的指标，进一步分解计算后能够通过一个交叉项来表达研究对象的集聚程度（Graham，1976）。随着实践的应用，基尼系数延伸出了多种表达式。在生产性服务业集聚的研究中，主要有两种表达形式：一种是由克鲁格曼（Krugman，1991）提出的区域基尼系数，其表达式为（刘晓科和胡振东，2015）：

$$G_i = \frac{2}{n} \sum_a^n a p_a^i - \frac{n+1}{n} \qquad （4-1）$$

$$p_a^i = \frac{E_i^a}{\sum_{a=1}^n E_i^a}, \quad p_1^i < p_2^i < \cdots < p_n^i \qquad （4-2）$$

其中，n 为研究的区域个数，a 和 i 为区域 a 和产业或细分产业 i 的从业人员，E_i^a 为 a 区域 i 产业的从业人数，p_a^i 为第 a 城市第 i 产业的就业人数占区域行业总就业人数的份额。G_i 值域为 [0,1]，G_i 越接近于 1 表明产业的集中程度越高。

另一种为达古姆 - 吉尼（Dagum-Gini）系数（Dagum，1997）。Dagum-Gini 系数其改进了基尼系数数据来源区域间差距的问题，增强了基尼系数对子样本分布的描述性，并解决了样本的交叉重叠，在一定程度上弥补了泰尔指数（Theil index）样本容量较小、数据异方差与数据分布不均匀的问题（张虎和周迪，2016）。Dagum-Gini 系数具体计算过程如下：

$$G = G_w + G_{rb} + G_t = \frac{\sum_{j=1}^{k}\sum_{h=1}^{k}\sum_{i=1}^{n_j}\sum_{r=1}^{n_h} |y_{ji}-y_{hr}|}{2n^2\mu} \qquad (4-3)$$

其中，$G_w = \sum_{j=1}^{k} G_{jj}p_j s_j$：$G_{jj} = \frac{\sum_{i=1}^{n_j}\sum_{r=1}^{n_h} |y_{ji}-y_{hr}|}{2\mu_j n_j^2}$；$p_j = \frac{n_j}{n}$；

$$s_j = \frac{n_j \mu_j}{n\mu} \qquad (4-4)$$

$$G_{jh} = \frac{1}{n_j n_h (\mu_j + \mu_h)} \sum_{i=1}^{n_j}\sum_{r=1}^{n_h} |y_{ji}-y_{hr}|, \qquad (4-5)$$

$$G_{rb} = \sum_{j=2}^{k}\sum_{h=1}^{j-1} G_{jh} (p_j s_h + p_h s_j) D_{jh}, \qquad (4-6)$$

$$G_t = \sum_{j=2}^{k}\sum_{h=1}^{j-1} G_{jh} (p_j s_h + p_h s_j)(1-D_{jh})；D_{jh} = \frac{d_{jh}-p_{jh}}{d_{jh}+p_{jh}} \qquad (4-7)$$

$$d_{jh} = \int_0^{\infty} dF_j(y) \int (y-x) dF_h(x) \qquad (4-8)$$

$$p_{jh} = \int_0^{\infty} dF_h(y) \int_0^y (y-x) dF_j(y) \qquad (4-9)$$

其中，G 为基尼系数，G_w 区域内差异贡献，G_{rb} 为区域间净值差异，G_t 为超变密度贡献，G_{jj} 为 j 类型地区内基尼系数，y_{ji}（y_{hr}）为第 j（h）类型地区产业规模分布，μ 为 n 个区域产业规模分布，k 为区域整合分类后的总数，n_j（n_h）为第 y_{ji}（y_{hr}）类型区域的个数。D_{jh} 为第 j、h 类型地区产业之间的相对影响。d_{jh} 为区域间规模分布的差值，在 j、h 类型地区中所有 y_{ji} >y_{hr} 的样本值的数学期望，$F_h(x)$ 为第 j 个类型地区的累积分布函数。P_{jh} 为 j、h 类型地区 y_{hr} > y_{jh} 样本值的数学期望，$F_j(y)$ 为第 j 个类型地区的累积分布函数。该指数具有能够实现与图形的对应优点，但是也存在不能考虑企业规模的劣势，且仅适用于中心－外围的分布状态。

4.1.1.2 行业测度

目前，从行业的角度对生产性服务业集聚程度进行测度方法，主要有行业集中度衡量法、赫芬达尔指数衡量法（陈晓华和杨莹莹，2019）、基于区位熵的生产性服务业集聚测度法和代替指标表示法四种。四种方法从对产业集聚理解的不同角度，阐述了生产性服务业集聚的程度。

第一种基于行业市场与空间分析特征相似性计算出来的行业集中度。该指标一般用于表示行业市场结构的集中，主要以规模最大的几家企业占整个行业的份额作为衡量依据，指标的值越大，表明市场越集中，具体的计算公式如下：

$$CR\ n,k = \frac{\sum_{i=1}^{n} x_i^k i}{\sum_{i=1}^{N} x_i^k} \qquad (4\text{-}10)$$

其中，x_i^k 为行业 k 中企业 i 的销售额（就业人数、产值等），n 为所占份额最大的前 n 个企业的个数，N 为行业内企业总数。CRn 指数虽然计算简单，但其变量选取依据及选取量都较为主观，在一定程度上存在信息利用不足的问题，不能够很好地体现产业集聚的现实情况。

第二种是衡量行业垄断的赫芬达尔指数来表达生产性服务业的整体集聚程度，其计算方法如下：

$$HHIa = 1 - \sum_{n=1}^{Na} S_{a,n}^2 \qquad (4\text{-}11)$$

$$S_{a,n}^2 = \left(\frac{x_i}{x}\right)^2 \qquad (4\text{-}12)$$

其中，HHI_a 为区域 a 的赫芬达尔指数，N_a 为区域 a 的产业类别，$S_{a,n}^2$ 为区域 a 第 n 个产业的市场份额与该区域市场份额的比值。HHI_a 指标数值范围为 [0,1]，指数越接近 1 表明该区域产业越聚集。虽然该指数能够从行业的角度较为微观地研究生产性服务业整体集聚程度，但 HHI 指数的有效性是建立在使用行业的全部企业数据，然而在现实的中国数据环境下是难以实现的。此外，HHI 指数是一个绝对指标，其在计算中忽略了地理差异及行业空间分布的现实特征，因此缺乏行业层面的可比性（关爱萍和陈锐，2014）。

第三种是基于区位熵的生产性服务业集聚测度法（张小蒂和王永齐，2010；周兵等，2018）。由于区位熵能够解决地区的规模差异问题，更加要素的分布情况，因此在一定程度上优于赫芬达尔指数。

其具体计算方法如下：

$$PSC(t) = [\frac{e_{ai}(t)}{\sum_i e_{ai}(t)}]/[\frac{e_{ai}(t)}{\sum_a \sum_i e_{ai}(t)}] \qquad （4-13）$$

其中，$e_{ai}(t)$ 为 t 时期 a 区域生产性服务业细分行业 i 的就业人数，$\sum_i e_{ai}(t)$ 为 t 时期 a 区域所有生产性服务业的就业人数，$\sum_i e_{ai}(t)$ 为 t 时期全部 a 区域生产性服务业的就业人数，$\sum_a \sum_i e_{ai}(t)$ 为 t 时期全部 a 区域的所有产业的就业人数，$PSC(t)$ 为 t 时期 a 区域 i 产业的区位熵指数，该指数值越大，表明区域内生产性服务业集聚程度越高，反之亦然。

根据生产性服务业集聚的特征又将其产业划分为专业性集聚与多样性集聚测量。其中，生产性服务业集聚专业化测量是以所研究区域集聚最高的行业代表该区域生产性服务业专业集聚，即 a 个城市第 t 年生产性服务专业化集聚指数为：

$$PSCZ_{at} = \max (PSC_{ait}) \qquad （4-14）$$

生产性服务业多样化指数能够进一步生产性服务业各行业发展程度相似性，主要用生产性服务业集聚程度的相似度来阐释（韩峰和阳立高，2020），如假设 a 个城市第 t 年生产性服务业的多样化指数为细分行业集聚度平均离差系数的倒数，即：

$$PSMI_{at} = \frac{avg_{at}}{\frac{1}{n}\sum_{i=1}^{n}|PSC_{ait} - avg_{at}|} \qquad （4-15）$$

$$avg_{at} = \sqrt[n]{Ц_{i=1}^{n}|PSC_{ait}} \qquad （4-16）$$

该指数值越大表明 a 区域 t 时期生产性服务业多样化集聚程度越高，反之亦然。基于区位熵的生产性服务业集聚测算充分考虑了行业分布的显示特征，并细分了行业集中的分类，相较于简单的集中度计算，能够更好地反映生产性服务业集聚的现状，但侧重考虑行业集聚的空间分布特征后，对行业特征的体现度降低，仍需要进一步的分析。

第四种是代替指标表示法。主要测算方法如表 4-1 所示：

表 4-1　生产性服务业集聚代替指标表示法汇总表

指标名称	计算方法	判定	来源
生产性服务业的多样化集聚	生产性服务业的从业人员占比	指标数值越大表明越集中	曲绍卫等（2019）、陈建军等（2017）、文丰安（2018）
生产性服务业产出；生产性服务业劳动投入；生产性服务业资本投入	生产性服务业各分类增加值衡量；生产性服务业分行业的就业人数衡量；利用永续盘存法进行估算	指标数值越大表明越集中	高洋和宋宇（2018）
多维评价指标体系	集聚水平、集聚规模、集聚效益和集聚活力四个方面建立生产性服务业集聚综合评价系统	指标数值越大表明集聚水平、规模、效益与活力程度越高	张虎和韩爱华（2019）、邓琰如和秦广科（2020）
生产性服务业集聚规模指标、强度指标及均衡度指标	生产性服务业集聚强度指标：区域内生产性服务业的从业人员占全国从业人员总数的比重；生产性服务业集聚均衡度指标：区位熵	指标数值越大表明集聚规模、强度与均衡程度越高	王纯和张晴云（2018）
生产性服务业集聚指标	根据卫星定位与网络线性测度的生产性服务业集聚城市覆盖面积	数值越大，集聚度越高	庞娟和孙金岭（2016）
生产性服务业集聚度指标	各省份的非农 GDP 总值	数值越大，集聚程度越高	周明生和陈文翔（2014）

资料来源：作者自己整理。

代替指标表示法，能够帮助研究者更好地实现研究目标的观测，但也存在较多问题。首先，自定义的代替指标方法在一般情况下更容易受到主观意识的影响。其次，代替指标表示法，体现的集聚特征存在片面性，往往不能同时体现生产性服务业集聚的行业与空间分布特征。

4.1.1.3 兼容测量

既考虑产业集聚的行业集聚特性又考虑产业集聚的空间集聚特性的兼容测量方法主要为 E–G 指数，其由埃利森和格雷泽（Ellison and Glaese）于 1997 年建立。该指数能够将产业规模经济与比较优势形成的市场空间集聚都考虑到，同时从空间与行业两个层面观察产业集聚状态，具体公式如下：

$$E_i = \frac{G_i - \left(1 - \sum_a x_a^2\right) H_i}{\left(1 - \sum_a x_a^2\right)\left(1 - H_i\right)} \tag{4-17}$$

$$G_i = \sum_a \left(x_n - S_a\right)^2 \tag{4-18}$$

$$H_i = \sum_i C_i^2 \tag{4-19}$$

其中，E_i 表示行业的集聚程度；G_i 表示 i 行业在区域 a 中的基尼系数；x_a 表示区域 a 所有行业的产值占全国所有行业总资产的比例，S_a 表示 i 行业在区域 a 的产值占该行业全国总产值的比例；H_i 为行业 i 的赫芬达尔指数，C_i 表示企业 i 的产值占行业 i 总产值的比例。

综上，无论是空间基尼（Gini）系数还是胡佛（Hoover）系数，都是基于行业层面数据计算得来的，无法反映行业内部结构对集聚程度的影响。而且，Gini 系数并没有考虑到企业的规模差异，即使数值大于零，也无法证明该地区具有产业集聚现象。因此，本书选取了能够很好地解决这些问题，调整不同行业内部企业发展程度的差异，使得结果在空间、行业、企业层面上都可以比较，且能解决 Gini 系数失真问题。

4.1.2 制造业服务化测度方法

现有的对制造业服务化的测度较多，但仍没有较为权威的衡量指标。本书根据指标样本的选取，将制造业服务化指标计算方法划分为宏观研究法与微观研究法两种。宏观研究法，主要是基于宏观数据投入产出表的直接消耗系数、完全消耗系数与投入产出增加值测量法。微观研究法，主要是基于微观企业数据（上市公司）的制造业企业甄别法与问卷调查评价指标法。

4.1.2.1 基于投入产出表的制造业服务化测量

基于投入产出的制造业服务化测量分为服务要素投入与服务要素产出两种。第一种，服务要素的投入角度测算制造业服务化，一般采用直接消耗系数（魏作磊和李丹芝，2012）与完全消耗系数（Crozet and Milet，2017；杜运苏和彭冬冬，2018）两种方法。第二种，服务要素产出测算制造业服务化，主要为投入产出增加值测算法。测算的数据来源主要是国家投入产出表及国际 WIOD 或 OECD 的投入产出表。具体测算方法如下：

1. 直接消耗系数

服务化直接消耗系数又称服务化直接投入系数，是指生产制造业产品中对服务业产品部门直接消耗服务数量。具体计算方法如下：

$$b_{mn} = b_{mn} / \sum_m a_{mn} \tag{4-20}$$

$$a_{mn} = x_m / x_n \tag{4-21}$$

其中，b_{mn} 为产业 m 对产业 n 的依赖程度，$\sum_m a_{mn}$ 为生产 m 产品直接消耗全部中间投入的数量，a_{mn} 是投入产出表中 m 产业对 n 部门产品的消耗量。$\sum_m a_{mn}$ 值越大，表明中间消耗越多，产业 m 与产业 n 依赖程度越高。

2. 完全消耗系数

服务化完全消耗系数又称完全服务投入系数，是指每个制造业生产一单位最终产品对服务部门的直接消耗，其等于直接消耗系数与全部间接消耗系数之和。具体测算公式如下：

$$S_{a\beta} = a_{a\beta} + \sum_{\mu=1}^{n} a_{a\mu} a_{\mu\beta} + \sum_{\gamma}^{n} \sum_{\mu=1}^{n} a_{as} a_{s\beta} a_{\mu\beta} + \cdots; \quad (m, \ n=1,2,\cdots,n) \tag{4-22}$$

其中，$S_{a\beta}$ 为完全消耗系数；$a_{a\beta}$ 为第 β 产品部门对第 a 产品部门的直接消耗量；式中第一项 $\sum_{\mu=1}^{n} a_{a\mu} a_{\mu\beta}$ 为第 β 产品部门对第 a 产品部门的第一次间接消耗量第二项；$\sum_{\gamma}^{n} \sum_{\mu=1}^{n} a_{as} a_{s\beta} a_{\mu\beta}$ 为第二次的间接消耗量，以此类推，第 $n+1$ 次的间接消耗量为第 n 次的间接消耗量。随后通过直接消耗系数矩阵能够得到完全消耗系数矩阵，如下式所示：

$$B = (I-A)^{-1} - I \qquad (4-23)$$

其中，B 为完全消耗系数矩阵，A 为直接消耗系数矩阵，I 为单位矩阵。

综上，直接消耗系数、完全消耗系数及改进后的增加值投入产出分析法，能够通过线性的关系将制造业与服务要素联系起来，较为直观地判断制造业发展中服务要素的投入与产出，使用数据多为宏观数据，对制造业企业的具体观察程度较低。

3. 投入产出增加值测量法

投入产出增加值测量法由彭水军等（2017）依托 SDA 方法，根据增加值的要素区分对投入产出法矩阵的计算进行了分解，从而能够从制造业服务要素产出的角度，更加详细地观察了制造业服务化的程度。具体计算方法如下：

假设在两国两部门投入产出模型中，V_a 定义为增加值向量，X 为行业产出向量，V 为增加值系数向量，则存在 $V=V_a/X$，那么基本投入产出模型为：

$$X = AX + Y = (I-A)^{-1} = BY \qquad (4-24)$$

其中，A 为中间投入系数矩阵，B 为里昂惕夫逆矩阵，Y 为最终需求列向量。此时增加值向量可以表示为：

$$V_a = VBY = \begin{pmatrix} V_i^1 B_{ii}^{11} Y_i^1 & V_i^1 B_{ij}^{11} Y_i^1 & V_i^1 B_{ii}^{21} Y_i^1 & V_i^1 B_{ij}^{21} Y_j^1 \\ V_j^1 B_{ji}^{11} Y_i^1 & V_j^1 B_{jj}^{11} Y_j^1 & V_j^1 B_{ii}^{22} Y_i^1 & V_j^1 B_{jj}^{12} Y_j^1 \\ V_i^2 B_{ii}^{21} Y_i^1 & V_i^1 B_{ij}^{21} Y_j^1 & V_i^2 B_{ii}^{22} Y_i^2 & V_i^2 B_{jj}^{22} Y_j^1 \\ V_j^2 B_{ji}^{21} Y_i^1 & V_j^2 B_{jj}^{21} Y_j^1 & V_j^2 B_{ji}^{22} Y_i^2 & V_j^2 B_{jj}^{22} Y_j^2 \end{pmatrix} \qquad (4-25)$$

此时，替换最终需求 Y 为 E，随后按照要素区分法将其分类为：国内制造增加值、国内服务增加值、国外制造增加值与国外服务增加值，并进一步按照服务来源不同再次将其分类最终得到制造业出口的服务增加值占比（$S1$）、国内服务增加值占比（$S2$）与国外服务增加值占比（$S3$），以此来衡量制造业服务化的程度（吴永亮和王恕立，2018），如下式所示：

$$S1 = (V_j^1 B_{ij}^{11} E_i^1 + V_j^2 B_{ji}^{21} E_i^1)/E_i^1 \qquad (4-26)$$

$$S2 = V_j^1 B_{ij}^{11}/E_i^1 \qquad (4-27)$$

$$S3 = V_j^2 B_{ij}^{21} E_i^1 / E_i^1 \qquad (4-28)$$

其中，上下角标 i 表示制造业，j 表示服务业，1 表示本国，2 表示外国。E_i^1 为本国出口增加值；$V_i^1 B_{ii}^{11} E_i^1$、$V_j^1 B_{ji}^{11} E_i^1$ 表示来自本国的制造增加值和服务增加值，$V_i^1 B_{ii}^{21} E_i^1$、$V_j^1 B_{ji}^{21} E_i^1$ 表示来自外国制造业增加值和服务增加值。

投入产出增加值测量法能够从服务产出的角度细化地观察制造业服务化，具有一定的优越性。但是，一方面这种观测仅表达了宏观数据，不能十分全面地反映客观事实；另一方面投入产出法大多从进出口的方向考虑了制造业服务化，不能够对微观制造业企业服务化给予更多关注。

4.1.2.2 微观企业角度的制造业服务化测算

利用微观企业数据的测算主要为企业甄别法与问卷调查法。两种方法均为从样本中选取有用信息，如经营范围、服务业务营业收入、员工数等，作为测算指标来代表制造业服务化的水平与程度。其中，企业甄别法的数据来源为中国工业数据库、Wind 数据库、OSIRIS 数据库与各大证券交易机构等。问卷调查法的数据则仅来源于研究目标规划的企业，因此主观性较强，研究范围较窄，对结论的科学性具有不利影响。所以，现有文献中从微观企业角度的测量主要使用企业甄别法。

企业甄别法最早是由尼利（Neely，2008）提出的，他选取全球 25 个国家的制造业上市公司为样本，选取其年报中经营范围的描述，对制造业是否具备服务化业务进行判断机械筛选，通过服务化企业与制造业企业的比值来代表制造业服务化整体程度，通过制造业服务化企业的服务业务分类[①] 来判定其服务化水平。此外，尼利进一步根据服务业务分类将制造业企业的服务化进行分解考察，判断制造业服务化的结构与水平，进而从制造业服务化产出和业务的角度衡量了制造业服务化的水平。其判定标准：当制造业企业所提供的经营范围有服务业务，并且服务业务的服务对象是外部市场，则判定制造企业为服务化企业。如果制造企业经营范围中没有服务业务，则判定制造企业为纯制造企业。

企业甄别法在实践应用中得到了不断完善。首先，学者们选用人工甄

---

① 咨询服务、设计研发服务、金融服务等 12 种。

别法代替机械筛选法，并在甄别后运用财务报告，选取划分的服务业服务收入与总营业收入的占比代表制造业服务化程度，弥补了机械筛选样本的样本误差，增强了制造业服务化指标的有效性（Fang et al., 2008；陈漫和张新国，2016）。其次，在企业服务化水平的判断上，学者们丰富了尼利的服务化业务分类，如王丹和郭美娜（2016）在测算上海制造业服务化程度的研究中，根据中国制造业服务化的服务业务特点对制造业服务化的分类新增了"技术服务、工程项目、进出口业务、向国外派遣劳工、相关配套服务、售后服务、广告和出版服务"，王小波和李婧雯（2016）为制造业服务化的解读提供更多视角，进一步完善了制造业服务化企业甄别法的测算。

企业甄别法能够从微观的角度衡量制造业企业的服务化水平，将制造业企业与行业研究结合到一起，既能观察行业制造业服务化的水平，也能观测到企业制造业服务化程度。虽然该方法受人工干扰因素较多（如人工筛选、年报信息、样本数量），具有一定的误差与样本代表性问题，但其所涉及数据较新，研究层级可交叉，其仍具有不可忽视的优点。

综上，虽然利用要素的投入产出测算制造业服务化更为明确，但一方面由于现有投入产出的数据都比较滞后，在反映真实情况方面具有延迟性，另一方面在测算的过程中不能将国内投入与国外投入进行良好的区分，也会在一定程度上错估服务化程度，且不能反映出生产性服务化的具体进程。制造业服务化是制造业企业的服务化，其发展主体为企业，基于企业数据的测算方法会更好地反映其服务化发展的现实情况。理论上认为运用企业的服务化收入占企业收入的比重来衡量制造业企业的服务化程度更具有说服力，但实际上大多数企业在服务化初期并不会将服务化业务的收入进行量化统计。面对处于服务化初期的我国制造业企业，该方法会面临数据断层、数据不具有表征性等问题，所以不能适应本书的研究需求。而企业甄别法不仅能够解决本书研究问题中涉及的两个主体统计口径问题，合理地调整研究对象的范围，还能及时地体现制造业服务化的水平，观察制造业企业的服务化的程度，并且 Wind 数据库与中国城市统计年鉴的行业分类大致相同，能够较好地统一两个行业的统计数据口径，从而真实地反映现实问题，满足本书研究的内容与需求。虽然当制造业企业完全转向服务化后，该方法不再能准确地判断企业的服务化程度，但是由于我国制造业正处于服务化的过程中，还没有完全实现服务化，因此该方法仍具有使用空间。本书最终选择了基于企业业务判断的微观企业判别法，但为增强其衡量的科学性，在研究的基础上，选用人工复查的方式，降低了出错率，并对原有的制造业服务化分类进行了更符合当前我国发展实际的分类，为研究提供了更多思考的空间。

4.1.3 数据选取与处理

4.1.3.1 生产性服务业集聚数据选取与处理

生产性服务业是为保持工业生产过程的连续性、促进工业技术进步、产业升级和提高生产效率提供保障服务的服务行业。2019 年我国国家统计局依据《国民经济行业分类》（GB/T 4754-2017），对我国生产性服务业进行了详细的划分，具体划分为十个行业大类：研发设计与其他技术服务；货物运输、通用航空生产、仓储和邮政快递服务；信息服务；金融服务；节能与环保服务；生产性租赁服务；商务服务；人力资源管理与职业教育培训服务；批发与贸易经纪代理服务；生产性支持服务业。

首先，本章结合实际数据可得性，重新界定了本书研究的生产性服务业范围行业划分，详情如表 4-2 所示：

表 4-2　生产性服务业分类

《生产性服务业统计分类（2019）》统计局分类		《中国城市统计年鉴》分类	Wind 数据库分类	企业数
1 研发设计与其他技术服务	15 生产性专业技术服务	1 科学研究、技术服务和地质勘探业	专业技术服务业	50
	11 研发与设计服务		研究和试验发展	12
	11 研发与设计服务	2 信息传输、计算机服务和软件业	软件和信息技术服务业	217
	12 科技成果转化服务		科技推广和应用服务业	8

《生产性服务业统计分类（2019）》统计局分类		《中国城市统计年鉴》分类	Wind 数据库分类	企业数
3 信息服务	31 信息传输服务	2 信息传输、计算机服务和软件业	电信、广播电视和微信传输服务	23
	32 互联网和相关服务		互联网和相关服务	63
2 货物运输、通用航空生产、仓储和邮政快递服务	24 仓储服务	3 交通运输、仓储及邮政业	仓储业	8
	21 货物运输服务		铁路运输业	7
	21 货物运输服务		管道运输业	1
	21 货物运输服务		航空运输业	13
	21 货物运输服务		水上运输业	25
	21 货物运输服务		道路运输业	35
	26 国家邮政和快递服务		邮政业	5
4 金融服务	42 资本市场服务	4 金融业	资本市场服务	51
	41 货币金融服务		货币金融服务	35
	43 生产性保险服务		保险业	7
	44 其他生产性金融服务		其他金融业	20
6 生产性租赁服务		5 商贸服务业	租赁业	3
7 商务服务	71 组织管理和综合管理服务		商务服务业	57
9 批发与贸易经纪代理服务	91 产品批发服务	6 批发与零售	批发业	93
			零售业	105
		7 房地产业	房地产业	125

其次，根据 E-G 指数测算的数据要求，选取了 2003—2018 年生产性服务业相关行业就业人数与 2006—2020 年上市的 960 家生产性服务业企业营业收入，分别计算了 E-G 指数中的基尼系数与指数。其中，生产性服务业相关行业就业人数数据来源于 2004—2019 年的《中国城市统计年鉴》，960 家生产性服务业上市公司数据来源于 Wind 数据库（Wind 数据库与《中国城市统计年鉴》行业划分具有一致性）。

最后，在数据处理过程中，本书删除了上市生产性服务业企业中的部分企业缺失财务报表或现金流量表或资产负债表缺失的 16 家企业 [1]。此外，由于 E-G 指数使用的宏观数据最新为 2018 年数据，因此，本章 E-G 指数测算的实际样本为删减后的 953 家上市生产性服务业企业的 2006—2018 年财务报表与宏观经济数据。

4.1.3.2 制造业服务化数据选取与处理

本书借鉴尼利（Neely，2008）的微观企业甄别法，选取 2020 年 4 月 28 日前完成上市的 2320 家制造业企业，提取其在 2001—2019 年的年度报告中有关"经营范围"的业务描述信息，观察是否有"咨询服务、设计和开发服务、租赁服务、维修和保养服务、外包和运营服务、采购服务、财产和不动产、销售和贸易、解决方案服务、储存、运输服务"等业务阐述，以此来判断制造业企业主要经营业务中是否有面向市场的服务业业务，有则判断其为制造业服务化企业，没有则判断为纯制造业企业。由于制造业服务化的业务会随着科技的发展而不断延伸，制造业服务化的业务类别也在不断丰富，所以需要结合最新的数据信息进行重新划分。因此，本书在现有数据的基础上，将"技术服务、工程项目、进出口业务、国外派遣劳工、相对配套服务、售后服务、广告与出版服务、智慧化系统服务、代理代购服务、安保服务"加入判断制造业服务化业务类别表中，详情如表 4-3 所示：

---

[1] 删除的企业包含：安徽省的华安证券；北京市的北京银行、乐视网；上海市的中远海运、天海融合、锦江投资股份、光大嘉宝、同达创业；浙江省的浙江富润、富通昭和；西藏自治区的万兴科技、华林证券、梅花生物、吉视传媒、西藏城投、筑博设计。

表4-3 制造业企业服务业务类别百分比

单位：%

服务业务类型	2006年	2007年	2008年	2009年	2010年	2011年	2012年	2013年	2014年	2015年	2016年	2017年	2018年
咨询服务	37.0	36.9	35.9	35.7	34.6	34.2	35.7	37.9	39.1	36.9	35.7	33.8	36.7
设计和开发服务	20.9	19.4	19.7	20.8	21.8	23.1	23.1	23.5	25.0	26.2	28.7	28.9	31.5
金融服务	0.9	1.0	0.7	0.8	0.6	0.9	1.4	1.8	1.7	2.6	3.4	3.3	3.6
安装和执行服务	13.5	13.9	15.5	15.7	16.2	16.1	17.2	17.2	17.5	15.9	16.2	16.2	17.6
租赁服务	9.8	10.3	12.3	14.2	13.8	14.7	15.3	16.7	19.0	17.1	19.1	20.2	22.6
维修和保养服务	9.4	8.9	10.5	9.8	9.9	9.6	8.7	8.9	8.9	7.8	7.3	8.1	8.6
外包和运营服务	1.1	1.1	1.4	1.5	1.5	1.8	1.6	1.8	2.2	3.6	4.6	4.5	4.8
采购服务	0.6	0.6	0.7	1.2	0.9	1.1	1.1	0.8	0.8	1.2	1.5	1.6	1.8
财产和不动产	12.6	12.4	11.7	10.8	8.7	7.5	6.8	5.9	5.5	5.1	5.0	4.3	4.9
销售和贸易	13.7	13.5	13.7	13.9	13.5	13.2	13.8	14.5	14.8	13.8	13.4	12.7	14.4
解决方案服务	0.2	0.4	0.2	0.4	0.2	0.2	0.3	0.6	0.9	2.4	3.1	3.6	4.9
存储、运输服务	12.0	10.8	10.1	11.0	10.2	9.1	9.2	8.8	9.5	9.1	8.4	8.6	9.8
技术服务	23.1	24.9	26.5	29.9	30.5	30.3	32.5	33.6	34.6	31.5	32.8	32.7	35.6
工程项目	2.8	2.7	3.0	3.1	3.2	3.1	3.4	3.1	3.2	3.5	3.3	3.3	3.5
进出口业务	28.2	28.9	29.1	29.3	31.5	30.7	30.7	31.2	31.3	27.3	27.8	26.6	28.5
国外派遣劳工	2.6	2.5	2.3	2.3	2.1	2.0	1.9	2.1	2.1	1.6	1.4	1.4	1.6
相对配套服务	0.2	0.2	0.4	0.5	0.4	0.3	0.8	0.7	0.7	0.6	0.8	1.3	1.5
售后服务	2.6	3.4	3.6	4.0	4.0	4.2	4.5	4.9	4.3	3.9	4.2	3.7	4.7
智慧化系统服务	0.0	0.0	0.0	0.2	0.1	0.1	0.3	0.4	0.6	0.7	0.8	0.8	0.8
代理代购服务	14.3	14.6	15.8	15.9	16.5	17.4	18.7	19.2	20.1	18.3	19.0	19.3	21.1
安保服务	0.2	0.2	0.2	0.2	0.1	0.2	0.2	0.2	0.2	0.2	0.2	0.2	0.2
其他	3.2	2.7	2.8	2.3	2.7	2.4	2.2	2.6	2.9	2.5	2.7	2.9	3.1

资料来源：作者计算得出。

考虑到已有相关研究中企业年报判别法多选取机器自动判别，即通过在企业"经营范围"中搜索"服务"字样来进行企业服务化甄别，存在一定程度的偏差。本书参考王丹和郭美娜（2016）在机器甄别法的基础上采取人工判别，解决了制造业服务化判别的信息不完全问题。

此外，为保证指标计算的合理性，本书剔除了包括样本数据中信息不公开或信息不全的企业。最终，制造业服务化测算样本由 2001—2019 年 2240 家制造业上市公司的年报构成，共计 33554 份。参考最新的《国民经济行业分类》（GB/T 4754-2017）对制造业的划分，将总制造业企业样本归属于 30 个制造业细分行业，其中金属制品、机械和设备修理业与烟草制品业由于数据缺失过多而被剔除，所以本书研究的制造业仅包含 28 个制造业细分行业[①]。

4.2 基础数据分析

4.2.1 全国分析

本书对 2006—2018 年全国各省市 E-G 指数与制造业服务化指数 MIS 进行了均值处理，降低了数据计算的误差值。如图 4-1 所示，根据 2006—2018 年全国 E-G 指数的均值结果，可以将全国生产性服务业集聚发展分为 2006—2010 年的波动增长、2011—2014 年的急速增长与 2015—2018 年的

---

① 细分的 28 个行业包括：农副食品加工业；食品制造业；酒、饮料和精制茶制造业；纺织业、纺织服装、服饰业；皮革、毛皮、羽毛及其制品和制鞋业；木材加工和木、竹、藤、棕、草制品业；家具制造业；造纸和纸制品业；印刷和记录媒介复制业；文教、工美、体育和娱乐用品制造业；石油加工、炼焦和核燃料加工业；化学原料和化学制品制造业；医药制造业；化学纤维制造业；橡胶和塑料制品业；非金属矿物制品业；黑色金属冶炼和压延加工业；有色金属冶炼和压延加工业；金属制品业；通用设备制造业；专用设备制造业；汽车制造业；铁路、船舶、航空航天和其他运输设备制造业；电气机械和器材制造业；计算机、通信和其他电子设备制造业；仪器仪表制造业；其他制造业；废弃资源综合利用业。

平稳增长三个阶段。在集聚波动增长阶段，全球金融危机爆发，虚拟经济被抑制，实体经济得到发展。生产性服务业发展既受到服务业整体发展水平的限制，也得益于实体经济的发展，呈现出较强的波动发展态势。在集聚急速发展阶段，国家对服务业的发展采取了许多鼓励政策，并于2012年修订了《国务院关于印发服务业发展"十二五"规划的通知》，强调了生产性服务业发展的重要性，集聚得到发展机遇后迅速上升。在集聚平稳发展阶段，中国整体经济进入经济增长降低，经济发展从注重增长走向注重质量的新常态阶段。受到经济增长趋势区域平稳的影响，制造业服务化也进入微弱波动的稳定发展阶段。

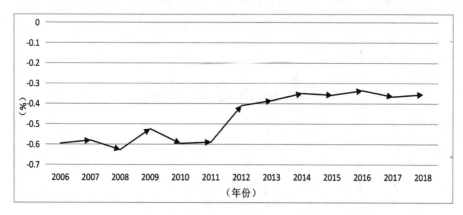

图4-1　全国生产性服务业集聚趋势图（2006—2018年）

如图4-2所示，从整体上看，我国制造业服务化发展分为三个阶段：分别是制造业服务化发展初期阶段、制造业服务化迅猛发展阶段与制造业服务化平稳发展阶段。制造业发展初期阶段为2006—2009年，金融危机后实体经济复苏，制造业得到发展，产业结构升级，促进了制造业服务化发展，服务化水平迅速上升。制造业迅猛发展阶段为2010—2014年，虽然制造业服务化经历了2009—2010年虚拟经济的回升冲击出现的短暂回落，但伴随着实体经济回潮的兴起，制造业服务化水平连年大幅增长。制造业服务化平稳发展阶段为2015—2018年。2014年中国经济进入经济新常态，整体经济增长缓慢，制造业服务化受到经济环境影响发展速度趋缓。

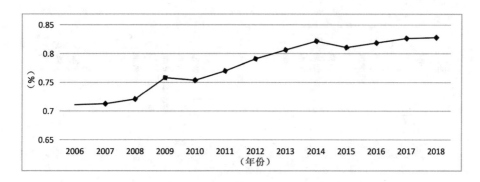

图 4-2 全国制造业服务化水平（2006—2018 年）

生产性服务业与制造业具有密切的关系，部分研究表明生产性服务业分化来源于制造业升级。制造业在面对消费者的服务化需求时，为了更高效地进行生产而演化出专业化分工，进而形成了生产性服务业。所以，生产性服务业集聚不仅能够对本行业产生外部效应，作为制造业服务化过程中分化出来的一部分还会促进制造业服务化的发展。上文的均值分析显示，生产性服务业集聚与制造业服务化的变动趋势接近，都经历了初期发展、迅速发展与稳定发展三个发展时期，且发展时期的交接点都比较邻近，表明生产性服务业集聚可能会对制造业服务化具有同向的正的相关关系，进一步佐证了已有的观点。

4.2.2 区域分析

4.2.2.1 静态区域分析

通过运用均值法，分析我国 2006—2018 年除台湾地区、香港特别行政区和澳门特别行政区、西藏自治区、宁夏回族自治区、贵州省、青海省之外的 27 个省（其中的海南省的数据不包括南沙群岛）、自治区、直辖市生产性服务业集聚与制造业服务化的整体发展程度，笔者发现：

第一，从整体上来看，生产性服务业集聚与制造业服务化都呈现出良好的发展态势，但发展水平较低。如图 4-3 所示，生产性服务业集聚度波动值域为 0.41 至 –2.10。一般情况下，E-G 指数中行业的集中度高于基尼系数时，E-G 指数为负值。负值越大，表明地区行业集中度越高于地区行

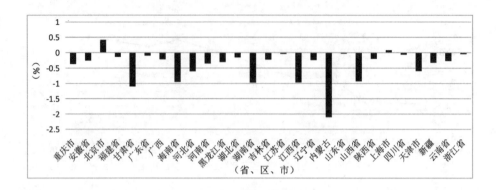

图 4-3　各省（区、市）生产性服务业集聚水平（均值）

业空间集中度（沈运红和孙莉，2021）。所以，现有的生产性服务业集聚为负，表明产业集聚的结构较优，但是集聚的水平整体偏低；如图 4-4 所示，我国各省市制造业服务化水平均在 0.3 以上，具有良好的发展前景。

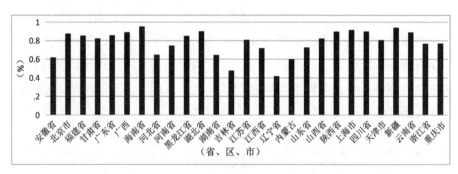

图 4-4　各省（区、市）制造业服务化水平（均值）

第二，从发展程度上来看，各省（区、市）的生产性服务业集聚与制造业服务化均会受到空间分布的影响。地区经济发展状况的差异性，决定了地区产业的资源禀赋的优劣不同。然而劳动力资源、资本、知识与技术水平以及良好的交通与便捷的面对面交流是生产性服务业集聚的重要影响因素（李普峰和李同升，2009）。所以，生产性服务业集聚表现出向具有资源比较优势地区集聚的发展特征（张志彬，2017）。如图 4-3 所示，2006—2018 年各省（区、市）中生产性服务业集聚度较高的地区为北京市（0.415）、上海市（0.081）、浙江省（-0.048），较低的地区为海南省（-0.949）、甘肃省（-1.098）、内蒙古自治区（-2.104）。总体上看，呈现出生产性服务业集聚区域不平衡态势，会随经济发展水平的高低而发生变化。

与此同时，各省（区、市）制造业服务化受到城市制造业基础的影响，也呈现出区域不平衡的发展态势。如图4-4所示，制造业服务化水平较高的是海南省（0.948）、新疆维吾尔自治区（0.937）、上海市（0.912）、湖北省（0.897），制造业服务化水平较低的是贵州省（0.430）、吉林省（0.429）、辽宁省（0.359）。

第三，从发展波动趋势来看，我国生产性服务业集聚与制造业服务化的波动区域均是收敛的，集聚度有所上升。生产性服务业集聚的收敛是从2011年开始，如图4-5所示，从整体上看，这主要是由于生产性服务业集聚受到产业政策的影响。2011年后，我国开始注重发展生产性服务业，生产性服务业产业集聚得到了更加科学的引导。从具体省份的波动幅度上看，北京市、上海市波动较为缓慢，内蒙古自治区、海南省、甘肃省生产性服务业集聚波动较为剧烈，这主要是由于生产性服务业集聚度高的地区，其产业集聚发展较为成熟，而集聚度低的地区生产性服务业集聚发展受到资源环境、生产技术、管理模式的影响，集聚度发展具有较明显的不稳定性。

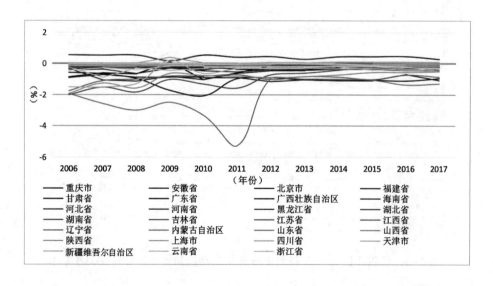

图4-5　各省（区、市）生产性服务业集聚趋势图（2006—2018年）

制造业服务化的收敛从 2010 年开始，这主要是由于国际产业转移，为我国制造业带来前所未有的发展机遇，促进了制造业升级，增强了制造业资源分配的合理性，使得制造业服务化发展环境优化，整体制造业水平持续提升进而形成收敛的效果。此外，如图 4-6 所示，海南省、云南省等制造业服务化水平较高的省份呈现出波动向下的态势，吉林省、辽宁省等制造业服务化水平较低的省份反而呈现出波动上升的态势。处于制造业服务化水平中游的北京市、上海市、浙江省等则表现较为平稳。这种制造业水平高却增长率缓慢，制造业水平低却增长迅速的现象主要是由各省份制造业发展不同造成的。海南省与云南省的制造业占比较低，当制造业完全向服务化转变后会变成服务业比例提升，而制造业占比下降，且新增加的制造业还不能很快进入服务化战略中，导致整体制造业服务化水平降低。与此相反，吉林省与辽宁省制造业产业占比较大，具有较强的产业基础，当经济发展与市场导向发生改变时，能够有较多的产业资源进入服务化战略中，提升整体制造业服务化水平。

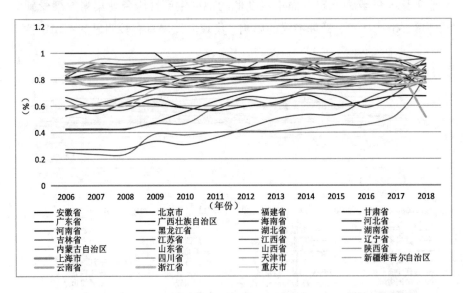

图 4-6　各省（区、市）制造业服务化变动趋势图（2006—2018 年）

4.2.2.2 动态区域分析

考虑到产业发展的空间因素，本书借鉴李建豹等（2015）的空间产业集聚研究方法。首先，选取 Stata16 软件，进行空间模型的构建。其次，利用自然断点法将年末生产性服务业集聚度分为四级，得到年末生产性服务业集聚与制造业服务化的空间分布图。最后，计算出反映生产性服务业空间集聚度与制造业空间服务化随时间变化的特征图。根据所得结果，笔者发现：

第一，生产性服务业集聚程度高与制造业服务化水平高的地区增加。生产性服务业中高水平地区增加，生产性服务业集聚呈现出良好发展态势。2006 年我国中高水平地区为新疆维吾尔自治区、陕西省、四川省、广西壮族自治区、福建省、辽宁省共 6 个。随后多省市进入中高集聚水平范围，截至 2018 年，我国中高与高水平集聚区为吉林省、广西壮族自治区、湖北省、重庆市、福建省、安徽省、浙江省、上海市、北京市、山东省、江苏省、四川省共 12 个地区。

第二，发展程度水平均呈现出动态变化态势。从各省（区、市）生产性服务业集聚发展层面看，湖北省 2006 年生产性服务业集聚度水平处于高集聚度地区，在 2013 年生产性服务业集聚度为中高水平，2014 年生产性服务业集聚度为中低水平，到 2018 年又变更为高水平集聚度。这主要是由于生产性服务业集聚是一个企业的动态活动，因此会受企业发展周期的影响。当生产性服务业企业处于导入期与成长期时，企业会倾向于通过集聚来降低成本促进发展。但当企业进入成熟期、饱和期与衰退期时，空间扩散会成为其寻求低成本的关键（Scott，2008）。因此，受到不同时期企业发展需求的影响，各地区生产性服务业集聚度会不断变更。从制造业服务化发展层面看，高制造业服务化水平地区从制造业占总产业比重低的省份逐步向制造业比重高的省份转移。这主要是由于制造业的不同发展阶段对生产性服务业的需求差异与产业体量差异造成的。制造业占比较低的地区，在制造业服务化初期服务化水平会迅速提升，但受到制造业体量的限制，服务化水平后期增长动能不足。而制造业占比高的地区如东北三省等，早期主要是承接国家的任务，制造业服务化动力较低。后期进入工业化后期，产业转型升级增强了制造业的服务化需求，加上已有的大体量生产基础，进一步促进了制造业整体服务化水平的上升。

第三，发展良好的地区由西北向东南呈现出递增态势。西北的新疆维吾尔自治区生产性服务业集聚程度为 –0.340，中部的陕西省生产性服务业集聚为 –0.231，东部的浙江省生产性服务业集聚为 –0.078。这与吉亚辉等（2012）与盛龙和陆根尧（2013）对我国生产性服务业集聚的研究结论一致，生产性服务业集聚与地区经济水平情况相似，呈现出东部大于中部大于西部的特征。这也与世界生产性服务业集聚的发展特征相似，受到面对面需求、传统、威望等因素的影响，生产性服务业集聚倾向于知识、资本、技术密集且基础环境优渥的中央商务、经济中心等地区（Daniels，1985）。与此同时，制造业服务化水平高的地区逐步从西部与中部转换到东部与沿海地区。这主要是由产业转移与服务化经济发展水平不均衡所致。早期，制造业主要集中于西部与中部地区，所以西部与中部地区制造业服务化水平相对较高。后期，东部与沿海地区依托得天独厚的地理优势承接了国际产业转移，制造业得到迅速发展。与此同时，由于我国经济的不平衡发展，东部与沿海地区经济水平普遍高于西部与中部地区，消费者对服务化需求对制造业企业服务化转型推动力更强。因此，制造业服务化水平较高的地区会逐步转移到东部与沿海地区。

第四，空间分布呈现出明显的中心 – 外围结构，并从中心 – 外围结构向核心 – 多中心结构演变，且具有明显的区域阻断特征。如生产性服务业集聚度较高的中部地区发展主要以四川为中心向四周扩散，次级集聚中心辗转移动，呈现出多核的现象。生产性服务业集聚发展水平较低的西部地区，主要以新疆为主，但其周边省份多年来生产性服务业集聚度较低，与其他地区交流较少，仅在 2006 年与 2007 年通过甘肃省与中部省份共同发展，具有较为明显的经济地域阻断问题。生产性服务业集聚水平发展最高的东部生产性服务业集聚水平高的区域集中在沿海的山东省、江苏省、上海市与浙江省，并分别对周边地区形成辐射。制造业服务化则表现为，服务化水平高的区域集中在中部地区，如湖北省、四川省等地，其周边的陕西省、重庆市等城市服务化水平相较于地理位置较远地区的程度更高，与中心省市形成中心 – 外围的地理空间分布结构。同样，新疆维吾尔自治区的制造业服务化发展也仅通过甘肃省与其他高服务化省份相连接，且存在中断时期和地域限制问题。

4.2.3 行业分析

4.2.3.1 生产性服务业集聚行业分析

根据本书对生产性服务业的界定，结合现有生产性服务业的划分经验，将生产性服务业细分为交通、仓储、邮电业，信息传输与计算机服务和软件业，批发零售贸易业，金融业，房地产业，租赁和商业服务业，科研、技术服务和地质勘查业7个行业。如图4-7所示，2006—2018年生产性服务业各细分行业集聚度值域为0.08至6.53，各行业集聚度差异较大，其中信息传输与计算机服务和软件业的产业集聚程度最高，交通、仓储、邮电业的产业集聚度水平最低。总体呈现出科技含量高的产业集聚度较高、科技含量低的产业集聚度较低的发展特点。这主要是由于行业发展特征造成的。信息传输、计算机服务和软件业，其产品体量较小，客户需求也相对集中，便于进行产业集聚，而交通、仓储、邮电业的产品体量大，且目标客户需求分散，因此产业集聚相对较低。

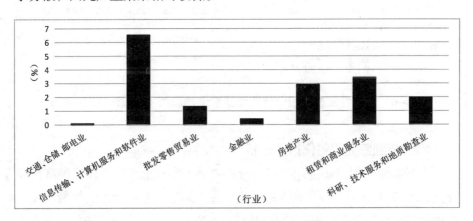

图4-7　生产性服务业细分行业集聚度水平（均值）

通过分析各生产性服务业细分行业2006—2018年集聚度的发展趋势，笔者发现：第一，生产性服务业各细分行业集聚度波动呈现出收缩态势。如图4-8所示，生产性服务业集聚的主要收缩节点为2012年。我国在2012

年推出了一系列引导与规划生产性服务业发展的政策与方针，政府对产业发展的合理规划与科学引导会降低产业发展的不确定性与风险，促进产业集聚。第二，新兴产业整体波动趋势相较于传统的批发零售贸易业波动幅度较大。如信息传输、计算机服务和软件业；金融业在2006—2012年波动幅度较大，2013—2018年波动趋于稳定。批发零售业与交通、仓储、邮电业则在2006—2018年波动平缓，发展相对稳定。这主要是因为新兴产业往往与市场的关系更加密切，容易受到制造业供给与需求的影响进而产生较大的集聚度波动幅度。而传统的生产性服务业，在制造业没有实现完全的服务化质变时，会惯性地保持原有的发展模式，因此其集聚度变动的幅度平缓。

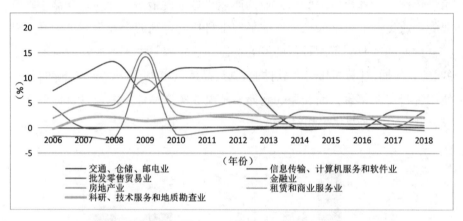

图4-8　生产性服务业细分行业集聚度波动趋势（2006—2018年）

4.2.3.2 制造业服务化行业分析

根据前文的制造业范围界定与行业划分（参见上节中《国民经济行业分类》2017年版），结合数据的可获得性，剔除了金属制品、机械和设备修理业与烟草制品业，将制造业细分为28个行业，选取均值法分析制造业各细分行业服务化水平现状。如图4-9所示，制造业各细分行业服务化水平均大于0.5，表明制造业各个细分行业服务化发展较为良好。其中服务化水平较高的为文教、工美与体育和娱乐用品制造业；铁路、船舶、航空航天和其他运输设备制造业；印刷和记录媒介复制业。制造业服务化水平较低的行业有石油加工、炼焦和核燃料加工业。总体呈现出重工业制造业服务化水平较高、轻工业制造业服务化水平较低，偏向民用的制造业服务化水平较高、与民用较远的制造业服务化水平较低，包含科技含量高的制造业服务化水平较高、科技含量较低的制造业服务化水平较低的发展特征。

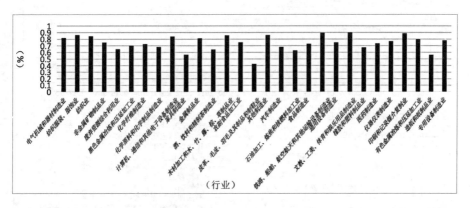

图4-9　制造业各细分行业服务化水平（均值）

注：部分行业根据 Wind 数据库划分标准进行细化拆分，细分后共计38个行业，由于图表显示限制，仅显示部分行业名称。

进一步分析制造业各细分行业2006—2018年制造业服务化变动趋势，如图4-10所示，本书发现：

第一，从整体上看，制造业服务化水平波动呈现出收敛的态势。这主要是由于在2006—2018年，我国制造业不断发展，产业结构升级提升了整体制造业服务化水平。

第二，制造业服务化水平较高的行业波动幅度低于制造业服务化较低的行业。这主要是由于制造业服务化具有相对不可逆的发展特征，制造业向服务化转型后，生产与运营方式都会发生不可逆的改变，且服务化水平越高，向原有的纯制造业生产模式切换就越困难。因此，制造业服务化水平越高的行业，其越趋于稳定。

第三，科技含量高的行业波动幅度低于科技含量低的行业。制造业服务化本质上是制造业升级，因此，行业科学技术水平越高越有利于行业进行制造业升级，促进制造企业开展服务化战略。

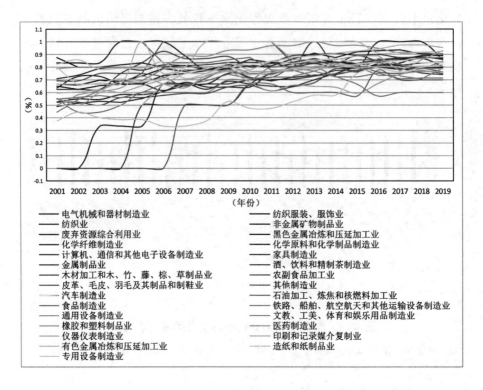

图 4-10　制造业各细分行业服务化波动趋势（2006—2018 年）

4.2.3.3 行业对比分析

根据上文对生产性服务业各细分行业的集聚发展与制造业各细分行业的服务化发展，可以发现：

第一，各细分行业的发展都呈现出波动收敛的发展趋势，表明生产性服务业集聚与制造业服务化具有相似的发展轨迹，具有相关性。

第二，生产性服务业集聚与制造业服务化各细分行业的发展都呈现出提升的良好发展态势，再次表明生产性服务业与制造业服务化具有相似的发展方向，为相互促进的关系。

第三，与制造业服务化需求相关度较高的新兴生产性服务业集聚度波动趋势高于传统生产性服务业的集聚度发展。进一步验证了生产性服务业集聚对制造业服务化的正向经济效应。

第四，科技含量较高的行业其集聚度与服务化都高于其他行业，进一步验证了产业集聚对产业升级的理论猜想。

4.2.4 生产性服务业集聚影响制造业服务化的预判

通过对全国、区域与行业三个层面的生产性服务业影响制造业服务化的数据分析，笔者发现：

第一，从全国层面看，生产性服务业集聚与制造业服务化发展程度相当，发展趋势一致，且生产性服务业集聚的发展与制造业服务化的发展具有一定的滞后性，表明生产性服务业集聚对制造业服务化具有推动作用。

第二，从区域层面看，生产性服务业集聚与制造业服务化不论在静态或动态的区域发展中，其整体发展水平、发展程度、发展波动趋势与空间动态变动程度、空间转移特征、空间分布特征上都具有一定的相似性，进一步表明了两者之间存在正向的关联性。

第三，从行业层面看，虽然生产性服务业各细分行业的集聚度发展与制造业各细分行业的服务化发展具有各自的行业发展特征，但是总体上看，两个行业的相关发展方向都是向上增长，且行业发展波动趋势相似，关联行业互动明显，表明了生产性服务业各行业集聚对制造业各细分行业服务化发展具有正向的推动作用。

综上，多方面的基础数据已初步表明，生产性服务业集聚具有促进制造业服务化的作用。

4.3 具体案例分析

4.3.1 案例选取依据及分析框架

对生产性服务业集聚与制造业服务化进行案例分析，其目的在于从具体的企业层面，进一步归纳总结，判断生产性服务业集聚对制造业服务化是否会产生影响，以及影响的方向。普遍认为递延的案例更适宜进行深入研究，生产性服务业集聚与制造业服务化都是动态的发展过程，且具有鲜明的阶段性特征。因此基于时间分段的单一案例分析能够较好地体现研究主体的动态性与差异性，本书最终选择聚焦于一个典型的案例进行研究分析。与此同时，虽然本书探究的问题是对普遍经济现象的本质提取，能够采取随机的样本，但是生产性服务业集聚与制造业服务化都是新兴产业，大多数现有的产业集群与制造业服务化企业都还处于不完善的发展阶段，不能全面作为案例分析的参考资料。因此本书的案例选取原则包括两方面：一是成功性，即选取具有鲜明发展的生产性服务业阶段与服务化显著且发展较好的制造业服务化企业。二是代表性，选取不同阶段制造业服务化发展鲜明的代表性的企业。基于以上原则，本书选取典型的制造业服务化企业航天长峰股份有限公司作为案例分析的样本，并根据生产性服务业的发展特征，确定本书研究生产性服务业集聚影响制造业服务化案例分析的主要框架，包括：发展阶段、特征、模式、参与业务、服务化模式、服务化水平、影响方向等。

4.3.2 案例描述

航天长峰股份有限公司主要以中国航天高端技术和应用成果为基础，是以航天军工企业为背景的高科技上市公司。公司始建于 1986 年，于 1994 年上市，是一家国有企业。截至 2020 年，航天长峰股份有限公司（以下简称航天长峰）已形成安保科技、医疗器械、电子信息、电源四大业务板块。其中，安保科技是公司基于生产产品的特征与消费者的需求而不断演进出的主要服务业务提供板块。航天长峰构建安保科技板块始于 2011 年，截至 2018 年，该业务已占企业利润总额的 78.9%，是公司获取利润的重要来源，也表明了企业服务化转型的成功。此外，航天长峰在 2015 年正式发布了医疗定制服务，实现了其医疗器械板块服务化的初步转型。截至 2020 年，航天长峰的营业收入达到 27.6 亿元，同比增长 6.6%，在业界具有较强的市场竞争力，即便在疫情的影响下，也并没有出现明显的业绩下滑。

4.3.3 生产性服务业集聚影响制造业服务化的三阶段分析

根据 2006—2018 年生产性服务业集聚的统计分析，本书认为全国生产性服务业集聚发展可以划分为三个阶段，其与制造业服务化的具体互动情况如下：

第一阶段：2006—2010 年波动增长。该阶段生产性服务业集聚呈现出不平稳的增长态势，生产性服务业集聚度先上升，后下降，随后迅速跳跃后，缓慢增长。波动最低点为 2008 年的 −0.627，峰值点为 2009 年的 −0.524。主要是由于 2008 年的世界金融危机，打击了服务经济的发展。此时，生产性服务业集聚主要以企业导向的集聚模式为主。由于生产性服务集聚水平较低，产业集聚的经济效益较低。

该阶段的制造业企业发展呈现出反复的态势。纵观 2006—2010 年，航天长峰的主营收入从 2006 年 3.2 亿元上升到 2010 年的 5.3 亿元。由于受到金融危机的影响，企业利润在 2009 年触底后缓慢反弹。企业服务化发展与主营业务变动如表 4-4 所示。2006—2007 年，航天长峰主要业务板块从医疗器械、环保业务和数控系统业务变更为电子信息业务与医疗器械及相关技术服务业务。在医疗器械板块，服务化探索雏形初现。航天长峰基于医疗器械产品，从"产品 + 服务"的模式，开拓相关的综合技术服务，如清洁手术室工程，从纯医疗器械生产转变为医疗器械与相关技术服务提供商。在电子信息板块，服务化业务探索较少。自 2007 年电子信息成为主营业务板块后，企业始终保持着产品地生产销售业务，没有较为明显的附加业务。在机床与数控系统板块，服务化业务受外力影响发展受阻。2006—2008 年，企业对数控系统投入了大量研发资金，以期推动产品的服务化增值。2007 年企业医疗器械、机床与数控系统两大板块的服务化探索为企业盈利作出较大贡献。但随后受到金融危机对工业的不利影响，机床与数控系统市场低迷，业务板块萎缩，后在 2010 年退出主营业务板块。综上，2006—2010 年，航天长峰只在医疗器械与机械、机床与数控系统上进行了服务化探索，但由于受到经济发展环境的影响，企业的整体服务化发展呈现出反复的态势。两大服务化探索板块中，仅医疗器械板块实现了"产品 + 服务"的服务化增值探索。

表4-4　航天长峰业务发展详情（2006—2010年）

年份	产业板块	产品与业务
2006	医疗、机床与数控系统、环保业务	医疗器械：麻醉剂、呼吸机、电动手术床；新型数控机床、食品机械专用数控系统；军用配套产品；污水处理工程及其他业务
2007	电子信息、医疗器械及相关技术服务、机床与数控系统	医疗器械与相关技术服务：手术灯、手术床、清洁手术室工程；机床数控系统；电子信息：红外光电成像设备
2008	电子信息、机床及数控系统、医疗器械及相关技术服务	医疗器械与相关技术服务：手术灯、手术床、呼吸机、麻醉机、清洁手术室工程；机床数控系统；电子信息：红外光电成像设备等
2009	电子信息、机床及数控系统、医疗器械及相关技术服务	医疗器械与相关技术服务：手术灯、手术床、呼吸机、麻醉机、医疗清洁工程；机床数控系统；电子信息：红外光电成像设备等
2010	电子信息、医疗器械及相关技术服务	医疗器械及相关技术服务：手术灯、手术床、呼吸机、麻醉机、医疗清洁工程；机床数控系统；迪安子信息：红外光电成像设备等

资料来源：作者整理的2006—2010年航天长峰股份有限公司公开发行的企业年报。

第二阶段：2011—2014年的急速增长。该阶段生产性服务业集聚水平迅速上升，集聚度水平从2011年的 –0.59提高为2014年的 –0.34。与此同时，生产性服务业集聚出现以政府导向为主的集聚发展模式。产业集聚模式增加使得产业的集聚动因加强，提高了整体生产性服务业的集聚水平，集聚的经济效应也日益增加。

在该阶段，航天长峰制造业服务化呈现出迅速发展的态势。2011—2014年，航天长峰服务化发展与主营业务变动如表4-5所示。信息技术的发展与普及，促进了"互联网+""物联网"的发展，使得制造业产业升级加快，制造业企业服务化战略的探索日益加深。2011年航天长峰通过企业并购，增加了安保业务板块，开始有战略地经营服务业务。受到云计算与智能技术的迅速发展，航天长峰的安保业务不断完善发展，并对企业盈利具有重要的促进作用。截至2014年，企业安保业务已达到2.69亿元，占当年营业收入的 38.3%。安保业务板块也从 2011 年基于安保装备之上的技术服务业务，转型为提供大型安保设备租赁、安保系统研究、设计、实施与承接项目的纯服务业务。此外，2011—2014 年，航天长峰的医疗板块也在原有基础上通过研发、创新，进一步推出了数字一体化手术业务，进一步增加企业的盈利能力，与核心竞争力，加快了企业医疗板块的服务化发展。综上，2011—2014 年，航天长峰受到信息技术的影响，通过并购具有服务业务的企业与持续地研发和创新，迅速提高了企业的服务化水平。

表 4-5　航天长峰业务发展详情（2011—2014 年）

年份	产业板块	产品与业务
2011	安保业务、医疗器械及相关技术服务、电子信息	医疗器械及相关技术服务：手术灯、手术床、呼吸机、麻醉机、医疗清洁工程；电子信息：红外光电成像设备；安保业务：安保科技系统建设与保障
2012	安保业务、医疗器械及相关技术服务、电子信息	医疗器械及相关技术服务：手术灯、手术床、呼吸机、麻醉机、医疗清洁工程；电子信息：红外光电成像设备；安保业务：安保科技系统建设与保障业务、警务物联网项目
2013	安保业务、医疗器械及相关技术服务、电子信息	医疗器械及相关技术服务：手术灯、手术床、呼吸机、麻醉机、医疗清洁工程、医疗信息平台、手术麻醉信息系统；电子信息：红外光电成像设备；安保业务：安保科技系统建设与保障业务、警务物联网平台、AVSS 高级视频监控系统、智慧安居综合应用支撑平台
2014	安保业务、医疗器械及医疗工程、电子信息	医疗器械：床、手术室、麻醉剂、呼吸机、数字一体化手术 V3.0 版软件等；电子信息产品：红外光电成像设备；安保业务：安保设备公共安全、军用电子信息产品与系统的研发、设计、租赁及咨询服务、视频整合一体机、大数据云平台情报研判服务

资料来源：作者整理的 2011—2014 年航天长峰股份有限公司公开发行的企业年报。

　　第三阶段：2015—2018 年的平稳增长。随着我国经济进入新常态，经济发展从追求数量转变为追求质量，生产性服务业集聚的增速放缓，在 2015—2018 年始终维持在一定水平，呈现出平稳发展的态势。在集聚模式上，生产性服务业集聚的主要模式为企业导向、政府引导和企业导向与政府导向并存的特征。由于生产性服务业集聚增速下降,产业集聚的经济效益缩小。

该阶段,制造业服务化呈现出平稳发展态势。如表4-6所示,2015—2018年,受到经济新常态的经济增长动力转换的影响,航天长峰的安保与电子信息等板块业务量均减少。为解决该问题,企业制造业服务化战略进度放缓,专注服务化深度延伸。在安保科技板块,航天长峰逐步转型成以平台为主的公共安全领域运营与服务商,完成了从物品提供商到服务提供商的转变,实现了企业主营业务服务化发展。在医疗器械板块,企业通过研发与创新,实现了数字化手术室等针对用户的定制化服务,完成了企业核心技术服务化。在电子信息板块,受到一些特殊因素的影响,没有进行过多的服务化开发。综上,2015—2018年,受到新常态经济增速趋缓的影响,企业传统制造业受到影响,企业服务化发展进程放缓,但服务化深度增加。服务化战略由原来的"产品+服务"演进为更加复杂的"产品+服务+支持+知识"服务化模式,差异化的定制化服务业务,促进了整个行业的服务化发展。

表4-6 航天长峰业务发展详情(2011—2014年)

年份	产业板块	产品与业务
2015	安保及相关业务、电子信息类业务、医疗器械及医疗工程业务	安保业务:安保科技系统建设与保障业务、安保研发产品、解决方案。医疗器械:床、手术室、麻醉剂、呼吸机、数字一体化手术V3.0版软件等;迪安子信息:红外产品研发、生产与销售等
2016	安保科技、医疗器械、电子信息	平安城市、安保科技建设、红外光电产品、生产、销售、技术咨询、产品开发、系统集成、安保相关运营与服务、医疗定制化有业务等
2017	安保科技、医疗器械、电子信息	平安城市、安保科技建设、红外光电产品、生产、销售、技术咨询、产品开发、系统集成、安保相关运营与服务、医疗定制化有业务、安保技术与服务整体解决方案等
2018	安保科技、医疗器械、电子信息	平安城市、安保科技建设、应急反恐、红外光电产品、新能源电源、生产、销售、技术咨询、产品开发、系统集成、安保相关运营与服务、医疗定制化业务、安保技术与服务整体解决方案等

资料来源:作者整理的2015—2018年航天长峰股份有限公司公开发行的企业年报。

4.3.4 各阶段生产性服务业集聚影响制造业服务化的比较分析

如表 4-7 所示，通过生产性服务业集聚对制造业服务化影响的对比分析，笔者可以看到不同阶段生产性服务业集聚的发展特征、主要模式、参与业务与制造业企业服务化方式、模式都不同，但在影响上都呈现出正向的促进作用。如在 2006—2010 年的波动增长阶段，生产性服务业集聚的主要模式为企业导向型。制造业企业的服务化尝试，增加了制造业对研发、科技进步等知识密集型企业活动的需求。生产性服务业企业通过研发、设计、销售等参与到制造业服务化生产环节中，帮助制造业实现"产品 + 服务"的产品服务化转变。在 2011—2014 年的急剧增长阶段，生产性服务业集聚模式从原有的以企业为导向的集聚转变为以企业选择与政府引导的双重推动的集聚模式，整体行业集聚程度迅速上升。生产性服务业集聚在制造业生产环节中的参与度也增加了，进一步促进了制造业实现"产品 + 服务 + 支持 + 知识"的业务服务化发展。在 2015—2018 年的平稳增长阶段，生产性服务业集聚发展模式呈现出多元并存的状态，集聚度水平进一步攀升，参与制造业生产的环节进一步增加，帮助制造业实现了"一体化解决方案"的行业服务化转变。

表 4-7　生产性服务业集聚对制造业服务化影响的各阶段对比分析

发展阶段	发展特征	主要模式	参与业务	服务化方式	服务化模式	影响方向
2006—2010 年	波动增长	企业导向集聚模式	设计、研发、销售	研发	产品 + 服务	促进
2011—2014 年	急速增长	企业选择、政府引导的集聚模式	设计、研发、销售、物流	并购	产品 + 服务 + 支持 + 知识	促进
2015—2018 年	平稳增长	企业选择与政府引导、规划相结合的集聚模式	设计、研发、销售、物流、金融支持	并购 + 研发	整体解决方案	促进

资料来源：作者整理绘制。

综上，根据生产性服务业集聚与制造业服务化的统计数据与现实案例，本书从全国、区域、行业三个层面出发，逐步深入地分析了生产性服务业集聚对制造业服务化影响的存在性及其方向。通过分析，笔者发现生产性服务业集聚与制造业服务化发展趋势相同，且生产性服务业集聚的各阶段均对制造业服务化呈现不同程度的正向促进作用。因此，本书判定生产性服务业集聚对制造业服务化的影响为正向影响。

4.4 本章小结

首先，本章比较分析了生产性服务业集聚与制造业服务化的研究方法，选取了 E-G 指数、企业甄别法作为生产性服务业集聚与制造业服务化的测度方法，并运用《中国统计年鉴》《中国城市统计年鉴》与 Wind 数据库2006 年之后上市的生产性服务业企业与制造业的财务数据，测算了 2006—2018 年我国整体生产性服务业集聚度（均值）、各省份生产性服务业集聚度水平（均值）、各省份生产性服务业集聚空间分布与我国生产性服务业细分行业集聚度、2006—2018 年我国整体制造业服务化水平（均值）、各省份制造业服务化水平（均值）、各省市制造业服务化空间分布与我国制造业细分行业服务化水平。

其次，本章基于数据指标测算结果，从全国、区域、行业三个层面，逐步研究了生产性服务业集聚对制造业服务化的影响。研究结果表明：第一，从整体层面来看，我国整体生产性服务业集聚与制造业服务化水平呈现出良好的发展态势，且发展趋势都可以划分为三个发展阶段，发展方向相似，阶段变更具有一定滞后性，表明生产性服务业集聚会促进制造业服务化。第二，从区域层面来看，随着时间的变化，生产性服务业集聚高水平地区与制造业服务化高水平地区从西部与中部地区向东南沿海地区过渡，空间分布具有迁移特征。第三，从行业层面来看，不同生产性服务业行业集聚度水平与不同制造业服务化水平以及波动幅度都不相同，但都呈现出经济发达地区的发展水平高、关联度高的行业发展波动趋势接近的特征。

最后，本章结合生产性服务业集聚与制造业服务化的现状，采用统计与案例分析法，对生产性服务业集聚与制造业服务化的关系以及生产性服务业集聚对制造业服务化的影响进行了预判，发现：第一，生产性服务业集聚与制造业服务化在发展趋势上具有一致性。生产性服务业集聚与制造业发展都经历了三个发展阶段，且节点日期与波动趋势相似。第二，生产性服务业集聚会促进制造业服务化的发展。生产性服务业集聚与制造业服务化的发展具有一定的滞后性，表明生产性服务业集聚后制造业服务化水平会升高，生产性服务业集聚与制造业服务化具有关联性，且有可能是正向的关联性。第三，生产性服务业集聚的空间分布特征与制造业服务化的空间变迁大体相似，都具有从西北向东南转移的趋势，其发展趋势也具有相似性，为正向的影响。综上，本书假设生产性服务业集聚与制造业服务化具有相关性，且为正向的促进作用。

生产性服务业集聚
对制造业服务化的
影响研究

SHENGCHANXING FUWUYE JIJU
DUI ZHIZAOYE FUWUHUA DE
YINGXIANG YANJIU

第五章　生产性服务业集聚
　　　　对制造业服务化
　　　　影响的实证分析

本章根据生产性服务业与制造业服务化的发展现状，通过构建相应的计量模型，先后实证分析了生产性服务业集聚对制造业服务化发展影响的直接经济效应、空间经济效应与门槛经济效应，且对所得结果进行了相关的内生性与稳健性检验。

5.1 直接经济效应

生产性服务业集聚对制造业服务化的影响研究主要可以划分为社会分工和价值链两个视角。其中，社会分工理论侧重于从宏观经济增长角度入手，认为生产性服务业集聚促进制造业升级进而增强经济增长动力，而价值链视角关注的是生产性服务业集聚对制造业升级发挥外溢作用的微观机制。尽管研究人员没有直接判断生产性服务业集聚对制造业服务化的影响，但大多人承认了生产性服务业集聚所带来的直接经济效应的积极作用，认为生产性服务业集聚能够促进自身产业发展，进而降低制造业生产环节的中间投入成本，提升制造业专业化水平，增加制造业的产品服务附加价值，帮助制造业增加高价值的服务环节或取代价值较低的制造业环节，实现制造业服务化。

5.1.1 模型设定、变量选取与数据处理

本节不考虑变量的空间权重问题，仅分析生产性服务业集聚对制造业服务化影响的直接经济效应，模型设定如下：

$$MIS_{it} = a_0 + a_1 E - G_{it} + \beta_1 X_{it} + C_i + C_t + \mu_{it} \qquad （5-1）$$

$$MIS_{it} = a_0 + a_1 E - G_{it} + a_2 EGG_{it} + \beta_1 X_{it} + C_i + C_t + \mu_{it} \qquad （5-2）$$

其中，i 表示省份，t 表示年份，MIS_{it} 表示 t 年 i 省的制造业服务化指数，使用王丹和郭美娜（2016）基于尼利（Neely，2008）提出的微观企业甄别法测算我国的制造业服务化程度。G_{it} 表示 t 年 i 省的生产性服务业集聚指标，EGG_{it} 表示 t 年 i 省的生产性服务业集聚指标平方项，均使用埃利森和格莱泽（Ellison and Glaeser，1997）提出的 E-G 指数测算我国生产性服务业的集聚程度。C_i 为省份固定效应，C_t 为时间固定效应，X_{it} 为能够体现省份特征的控制变量。控制变量内容如表 5-1 所示：

表 5-1　控制变量介绍表

变量名称	内涵	计算方法	备注
资本分配结构(CA)	制造业固定资本是制造业资本结构指标，即固定资产占总资本的比重	$CA_{it} = 1 - \dfrac{L_{it}}{TC_{it}}$	其中，CA_{it} 表示 i 地区 t 时制造业资本分配结构，TC_{it} 表示 i 地区 t 时制造业总资产，L_{it} 表示 i 地区 t 时制造业流动资产
人力资源水平(HR)	指人力所具备的一切有利于经济产出的因素的高低，如文化水平等	$HR_{it} = 1 - \dfrac{U_{it}}{Z_{it}}$	其中，HR_{it} 表示 i 地区 t 时的人力资本水平，U_{it} 表示 i 地区 t 时的 6 岁及 6 岁以上人口，Z_{it} 表示 i 地区 t 时大专及以上人口
制造业盈利能力（MC）	制造业企业获得收益的能力	本书选取制造业的增加值代表制造业盈利能力	
创新能力（RD）	技术和各种实践活动领域中不断提供具有经济、社会与生态价值的新思想、新理论、新方法和新发明的能力	各区域的 R&D 投入总额	

变量名称	内涵	计算方法	备注
相对生产率（RP）	不同行业劳动生产率的比值	$RP_{it} = \dfrac{S_{it}/SR_{it}}{M_{it}/MR_{it}}$	其中，RP_{it}表示i区域t时的相对生产率，S_{it}表示i区域t时的服务业增加值，SR_{it}表示i区域t时的服务业从业人数，M_{it}表示i区域t时的制造业增加值，MR_{it}表示i区域t时的制造业从业人数
服务水平的可获得性（SLA）	市场中获得服务产品或服务的便捷性	$SLA_{it} = \dfrac{SR_{it}}{ASR_{it}}$	其中，SLA_{it}表示i区域t时的服务水平的可获得性，SR_{it}表示i区域t时的生产性服务业从业人数，ASR_{it}表示i区域t时的总就业人数
信息化程度（LOI）	社会应用信息数据、技术的程度	本书采用地区互联网网民总数代表信息化程度	

注：表中变量计算方法参考了王小波和李婧雯（2016）的相关测算方法。

不同省份的经济发展阶段、资源禀赋与市场都会直接影响企业的制造业服务化程度，且时间（year）会对行业发展的环境资源与发展阶段产生影响。本节内容进一步在模型中加入了省份固定效应和时间固定效应，并引入了时间虚拟变量来控制时间对制造业服务化程度的影响。

本章数据主要来源于2007—2019年《中国城市统计年鉴》、2007—2019年《中国统计年鉴》与Wind数据库。由于Wind数据库中部分企业数据信息存在一定缺失，本书还选用了上海证券交易所官网与深圳证券交易所官网的相关信息。根据本书对研究对象的范围界定，截至2020年3月，生产性服务业上市企业共计969家，上市制造业企业共计2313家。由于部分企业上市日期较短，没有或不能提供完整的企业经营范围信息与财务数据，本书对生产性服务业的企业进行了删减与选择。

其中，如表5-2所示，部分生产性服务业企业因企业上市数据缺失、年报数据缺失或财务报表不全面而被剔除。故本书选取删减后的953家生产性服务企业。

表5-2　生产性服务业企业剔除数据详细报告

原因	地区及企业名称	总计
企业数据缺失	北京市的北京银行；安徽省的华安证券股份有限公司	北京：1；安徽：1
缺失年报或报表数据	上海市的中远海运、天海防务、锦江国际、光大嘉宝、同达创业；浙江省的浙江富润、杭州富通；西藏自治区的万兴科技、华林证券、梅花生物、吉视传媒、西藏城投、筑博设计	上海：5；浙江：2；西藏：6
因退市没有利润表、现金流量表与资产负债表	北京市的乐视网	北京：1

注：表中企业名称均为上市公司股票名称，如天海防务即天海融合防务装备技术股份有限公司。

制造业企业中如表5-3所示，部分企业因没有公开发行的年报、退市造成年报中断或年报分散问题被剔除，最终本书选取删减后的制造业企业数据。

表5-3　制造业企业剔除数据详细报告

原因	地区及企业名称	总计
刚上市没有年报	安徽省的华菱星马、盛运环保；北京市的太阳世家、合纵科技、万泰生物、华锐风电、北摩高科；福建省的华映科技；甘肃省的宏良皮业；广东省的朝阳科技、赢合科技、光峰科技、浩洋电子、豪美新材、雷赛智能、华盛昌、新产业；河北省的沧州明珠；河南省的恒星科技、金丹科技、风神轮胎；湖北省的长源东谷、力合科技、宇新股份、南新制药、金博股份、胜景干黄；江苏省的博瑞医药、恒润重工、华辰股份、奥特维、赛伍技术、吉贝尔、保千科技、天常股份、赛腾电子、京源环保、爱丽家居、中简科技、太平洋、南方轴承；山东省的威奥股份、东岳硅材、金现代；山西省的东杰智能；上海市的三友医疗；四川省的侨源气体、天箭科技；天津市的建科机械；浙江省的ST中新、越剑智能、聚光科技、建业化工、金田铜业、金瑞泓、英飞特	安徽省：2；北京市：5；福建省：1；甘肃省：1；广东省：8；河北省：1；河南省：3；湖北省：6；江苏省：14；山东省：3；山西省：1；上海市：1；四川省：2；天津市：1；浙江省：7

原因	地区及企业名称	总计
2020 年退市	北京市的神雾退	北京市：1
公开年报信息不全	上海市的 ST 拉夏	上海市：1
整体数据缺失、分散	西藏自治区的海思科、灵康药业、ST 新忆、高争民爆、易明医药、华宝股份、奇正藏药、ST 银河、西藏天路、卫信康、西藏药业；吉林省的长春高新、诺德股份、一汽轿车	西藏自治区：11；吉林省：3

注：表中企业名称均为上市公司股票名称，如华菱星马即华菱星马汽车（集团）股份有限公司。

控制变量资本分配率、人力资源水平、制造业盈利能力、创新能力、相对生产率、服务水平的可获得性、信息化程度由 2007—2019 年《中国统计年鉴》《中国城市统计年鉴》数据计算得出。由于 Wind 数据库的行业划分与《中国城市统计年鉴》的划分相同，本书不再对行业统计口径进行划分和详细解释。本节数据的描述性统计如表 5-4 所示。

表 5-4　主要变量描述性统计

变量	均值	标准差	最小值	最大值
$E-G$	−0.4668	0.5714	−5.3939	0.0140
MIS	0.7786	0.1595	0.2352	1.0000
RD	382.0150	464.6494	2.1000	2704.7000
MC	1977.3110	2024.9400	−91.8900	10574.4000
CA	0.5598	0.0691	0.3960	0.7061
HR	0.1181	0.0729	0.0306	0.4865
RP	0.9393	0.8794	0.0498	5.0016
SLA	44.1339	56.30861	0.8398	365.9276
LOI	1343.9530	1392.6790	33.5000	8149.1000

5.1.2 模型检验

5.1.2.1 平稳性检验

为防止伪回归问题，本节对各变量进行单位根检验。检验结果如表 5-5 所示，各变量均为一阶单整的平稳序列，可以进行回归分析。

表 5-5　各变量单位根检验结果

变量名	E-G	MIS	RD	MC	CA	HR	RP	SLA	LOI
Z 值	6.385	−7.0861	12.9146	−6.6315	−15.8186	−4.4602	5.6515	−3.1542	7.2915
P 值	0.0000	0.0000	0.0000	0.0000	0.0000	0.0000	0.0000	0.0008	0.0000

5.1.2.2 异方差与自相关检验

为保证模型估计的无偏与有效性，采用怀特（White）检验进行异方差检验，看模型中是否存在无法观测到的因素对解释变量有较大影响。检验结果如表 5-6 所示，P 值为 0，强烈拒绝原假设，模型不存在异方差。随后，进一步对模型进行自相关检验，检验结果显示，组同期相关检验 P 值为 0.9106，大于 0.01，接受原假设，模型不存在组同期自相关。而模型组内同期自相关 F 值为 69.219，P 值为 0，强烈拒绝原假设，表明模型存在组内自相关。

5.1.2.3 实证结果分析

为检验生产性服务业集聚对制造业服务化影响的直接效应，首先进行了 OLS 回归分析，考虑到时间效应和个体随机效应，也选取了固定效应、双向固定效应与随机效应模型进行分析。同时，上文对模型自相关性的检验结论表明模型存在组内自相关。为消除模型的组内自相关问题，选取了 FLGS 模型估计生产性服务业集聚对制造业服务化的直接影响作为对照组。

表 5-6　生产性服务业集聚对制造业服务化的直接影响估计结果

变量	（1）	（2）	（3）	（4）	（5）	（6）	（7）
	OLS	OLS	FGLS	FE	FE_TW	RE	RE
E-G	0.0675***	0.0637**	0.0174**	0.0389***	0.0350**	0.0394***	0.0076***
	（0.0154）	(0.3555)	(0.0108)	(0.0113)	(0.1373)	(0.0135)	(0.0227)
E-GG							0.0921**
							(0.0052)
RD		0.0001*	0.0003**	0.0004**	0.0008**	0.0004*	0.0001**
		(0.0004)	(0.0001)	(0.0002)	(0.0005)	(0.0004)	(0.0002)
MC		−0.0001**	0.0001**	−0.0001**	−0.0002**	−0.0001*	−0.0002***
		(0.0008)	(0.0005)	(0.0006)	(0.0001)	(0.0009)	(0.0006)
CA		0.0916	0.0142	−0.3311**	−0.4253	−0.2693*	−0.3650**
		(0.1820)	(0.1496)	(0.1845)	(0.4783)	(0.3175)	(0.1852)
lnHR		0.0228	0.0124	0.0385*	0.0473*	0.0370**	0.0436*
		(0.0411)	(0.0265)	(0.0305)	(0.0418)	(0.0353)	(0.0305)
RP		0.0282*	0.0283**	0.0220*	0.0259	0.0226*	0.0257*
		(0.3338)	(0.0111)	(0.0153)	(0.0298)	(0.0260)	(0.0153)
lnSLA		0.0037	0.0232	0.0148	0.0300	0.0138*	0.0211
		(0.0284)	(0.0203)	(0.0254)	(0.0638)	(0.0338)	(0.0258)
lnLOI		0.0069	0.0015	0.0203*	0.0630**	0.0209**	0.0635**
		(0.0205)	(0.0192)	(0.0143)	(0.0338)	(0.0112)	(0.0253)
_cons	0.8102***	0.7283***	−9.1842*	0.8758***	0.6921**	0.8397***	0.0762***
	(0.0263)	(0.2151)	(0.0108)	(0.1840)	(0.3864)	(0.2454)	(0.0227)
时间效应	No	No	No	Yes	Yes	Yes	Yes
地域效应	No	No	No	Yes	Yes	Yes	Yes
时间—地域	No	No	No	No	Yes	Yes	Yes
F 统计量		9.0200***	206.570***	42.2100***	7.6500***		1290.42***
R^2	0.9576	0.1365	0.9576	0.1049	0.0709	0.1092	0.8028
woldR^2 检验	20.5700***		16.9300**			46.7000***	

注：*、**、*** 分别表示在 10%、5% 与 1% 的置信水平下显著，括号内为标准误差值。

当不考虑控制变量时，如表 5-6（1）列所示，生产性服务业对制造业服务化影响系数为 0.0675，且在 1% 的置信水平下显著。加入控制变量后，如表 5-6（2）列所示，生产性服务业对制造业服务化影响系数为 0.0637，且在 5% 的水平下显著。如表 5-6（3）列所示，生产性服务业集聚对制造业服务化的影响系数为 0.0174，且在 5% 的置信水平下显著。进一步考虑个体效应，且固定了时间与地域效应后，如表 5-6（4）（5）列所示，影响系数分别为 0.0389、0.0350，且在 5% 的置信水平下显著。考虑了个体效应与随机效应后，实证结果如表 5-6（6）列所示，影响系数为 0.0394，且在 1% 的置信水平下显著，表明生产性服务业集聚对制造业服务化的发展具有明显的促进作用。整体来看，不论哪种模型估计，影响系数都是正向的，且数值较低，表明生产性服务业集聚虽然对制造业服务化具有促进作用，但是这种促进作用比较小。

此外，控制变量也提供了重要的参考价值。根据模型的豪斯曼（Hausman）检验结果，本节对控制变量的分析以加入控制变量、时间效应与地域效应，随机效应结果如表 5-6（6）列所示。

第一，变量 RD 的系数为正，且在 10% 的置信水平下显著，表明创新水平上升会促进制造业服务化的发展。地区创新水平较高会激发区域内制造业开展创新活动，有利于制造业产业升级。从本质上看，制造业服务化本身即制造业升级的一种具体表现，因此当制造业产业升级时，制造业服务化也会得到发展。

第二，变量 MC 的系数为负，且在 10% 的置信水平下显著，表明制造业盈利水平的上升会降低制造业服务化发展。制造业企业作为理性决策者，受到利润最大化的影响。当制造业企业盈利增加，且面临可能存在的"服务化陷阱"时，制造业企业更倾向于保持原有的运营模式，而不实施制造业服务化战略。因此，制造业盈利水平在更多时候对制造业服务化表现为负向的抑制作用。

第三，变量 CA 的系数为负，且在 10% 的置信水平下显著。由于数据统计口径与选取连贯性的限制，本书的资本分配计算是以流动资本占总资本的比例替代，与以往的固定资本占总资本的指标关系判断相反。所以，实证结果符号虽然为负，但与以往的相关结论符合，都表明企业固定资本占比越高，越有利于企业实现制造业服务化发展战略。这主要是因为制造业企业开展服务化战略需要大量人力物力的投入，且面对服务化风险。而固定资本越高，企业抵御转型风险的能力越强。

第四，变量 *lnHR* 的系数为正，且在 5% 的置信水平下显著，表明人力资源水平提高会促进制造业服务化发展。这主要是由于制造业在开展服务化的过程中需要更高水平的人力资源水平来支撑。一方面，制造业服务化业务大多是由于消费需求或制造业升级延伸而来，具有明显的知识密集型与技术密集型特征，因此本身需要较高水平的人力资源；另一方面，较高水平的人力资源会提高制造业的生产力水平，降低企业制造业服务化成本，并促进制造业创新，增强企业制造业服务化动机。

第五，变量 *RP* 的系数为正，且在 10% 的置信水平下显著，表明相对生产率提高会促进制造业服务化发展。制造业服务化的主要动机是服务业盈利高于纯制造业。所以，当服务业生产率高于制造业生产率即相对比率越大时，服务业的盈利越高，制造业企业在利润最大化的追求下会积极地开展服务化战略，促进整体制造业服务化水平的提高。

第六，变量 *lnSLA* 的系数为正，且在 10% 的置信水平下显著，表明服务的可获得性提高有利于制造业服务化的发展。服务的可获得性是一个变动变量，会受到制造业企业服务化需求满足程度与消费者服务化需求的影响。目前，我国正处于产业转型升级时期，具有较强的服务消费需求，现有制造业企业通过外包不能够应对消费的服务化需求，需要开展服务业务。与此同时，服务的可获得性提升刺激了消费者服务需求，增强了制造业服务化动机，进一步促进了制造业整体服务化水平的提升。

第七，变量 *lnLOI* 的系数为正，且在 10% 的置信水平下显著。生产性服务业具有资本、技术与知识密集的特征，使得其对信息化的依赖较强。信息化发展水平的提高，会提升其对制造业的服务效率。此外，信息化水平的提高会促进制造业信息化应用率，增强两业融合，是制造业服务化的重要路径（李天柱等，2018），尤其是互联网的普及，有效弱化了交易的时空与地域限制，提高了企业的运营效率，并为制造业企业带来更多的协同创新机遇，增强制造业服务化的发展动能，减少其服务化的发展阻碍。

参考威廉姆森（Williamson，1965）的"威廉姆森假说"，即"产业集聚在发展初期能够显著促进劳动生产率的提升，但是当集聚水平到达一定的临界值后，产业集聚对劳动生产率的促进作用逐渐减小，甚至不利于劳动生产率的提高"。本书引入了核心解释变量的平方项，考察了生产性服务业集聚是否具有负的外部性经济效应。验证结果如表5-6的（7）列所示，生产性服务业集聚的平方项系数为0.0921，且在5%的置信水平下显著，进一步检验当前我国生产性服务业集聚对制造业服务化的影响，以及生产性服务业集聚水平在倒"U"字形曲线的哪一侧，本书根据表5-6（7）列所示验证结果和方程（5-3）的估计结果，计算制造业服务化对生产性服务业集聚的偏导数，从而得到：

$$\frac{\partial MIS}{E\text{-}G} = 0.00762 + 0.0921 \times 2 \times E\text{-}G \qquad （5\text{-}3）$$

此时令偏导数为0，求得 E-G 指数值为 -0.05，表明当生产性服务业集聚小于 -0.05 时产业集聚与全球价值链升级之间呈现正向相关性；当制造业服务化产业集聚大于 -0.05 时，其产业集聚对制造业服务化呈现负向相关性。根据这一标准，本次生产性服务业集聚的样本中仅7%的数据大于 -0.05，表明目前我国生产性服务业集聚处于倒"U"字形曲线的左侧，正外部性经济效应大于负外部性经济效应，还需要进一步推进生产性服务业的产业集聚，进而促进制造业服务化的发展。

5.1.3 内生性检验

由于生产性服务业集聚与制造业服务化可能存在互动作用，即生产性服务业集聚促进制造业服务化后，制造业服务化反作用于生产性服务业的集聚。因此，核心解释变量生产性服务业集聚可能存在内生性问题。为了解决该问题，首先运用 Hausman 检验，检验了 E-G 指数是否为内生变量，Hausman 检验结果显示 P 值小于 0，拒绝了变量为外生的原始假设，表明 E-G 指数为内生解释变量。

通常我们用 IV（工具变量法）来解决模型的内生性问题。首先，我们需要选取合适的工具变量，一个合适的工具变量往往具有以下特征：一是工具变量与潜在内生变量相关但与被解释变量和其他变量不相关；二是工具变量数量要足够多，避免过度识别；三是工具变量数量要合适，避免出现弱工具变量。其次，我们对已选择工具变量的识别度与识别强度进行检验，选择出可识别且不是弱识别的工具变量。最后，我们选取符合的分析方法，对引入工具变量后的模型进行回归，并观察核心结论的合理性。工具变量选择详情如下：

（1）选取人口密度（rkmd）作为工具变量。人口密度即一个地域人口的集中度，其计算公式为：人口密度＝地区人口总额 / 地区土地面积。人口越集中越会增强消费，促进服务业的繁荣，进而促进生产性服务业的集聚。与此同时，人口密度与当地的制造业升级却没有较强的相关性。因此，本书选择人口密度作为模型的工具变量。如表5-7（1）列所示，rkmd 对应的二阶段最小二乘法（2SLS）估计结果中，rkmd 的 K-Prk LM 值为 7.13 且在 1% 的置信水平下显著，拒绝了工具变量不可识别的原假设。此外，其 K-Prk Wald F 统计值 7.33 大于 Stock-Yogo 检验 20% 水平上的临界值 6.66，拒绝了工具变量是弱识别的假定。这证明工具变量与潜在内生变量之间有较强的相关性，工具变量的选取合理。此时，核心解释变量的估计结果表明即便考虑了模型内生性问题的可能性，本节的核心结论生产性服务业集聚对制造业具有促进作用依然成立。

（2）选取行业密度（hmd）作为工具变量。行业密度是反映行业内企业集聚程度的指标，行业密度可以选用 $\sum\left(\dfrac{企业盈利总额}{行业内所有盈利总额}\right)^2$ 计算，也可以选用地区企业个数除以地区土地面积来计算。本书选取了第一种计算方法。因为，生产性服务业的行业密度越高越有利于生产性服务业的集聚。结合本书生产性服务业是以地区作为划分的，因此选择第一种计算方法的按行业密度与地区效应没有较大关系，更适合作为模型的工具变量。如表5-7（2）列所示，hmd 对应的二阶段最小二乘法（2SLS）估计结果中，hmd 的 K-Prk LM 值为 46.922 且在 1% 的置信水平下显著，拒绝了变量是不可识别的原假设，此外其 K-Prk Wald F 统计值 124.556 大于 Stock-Yogo 检验 5% 水平上的临界值 16.38，拒绝了工具变量弱识别的原假设（Klei ber gen and Paap，2006）。这证明了工具变量与潜在内生性变量之间有较强的相关性，工具变量的选取具有合理性。此时，核心解释变量 E-G 为正且在 1% 的置信水平下显著，表明的核心结论依然成立。

（3）选取服务业收入（syl）作为工具变量。服务业收入即生产性服务业的营业收入。生产性服务业营业收入增加会优化生产性服务业的发展环境，为生产性服务业集聚奠定基础。与此同时，由于服务业与制造业是两个行业，生产性服务业的盈利并不能够直接影响制造业的升级与制造业服务化战略发展。因此，本书选择生产性服务业的营业收入作为工具变量。如表 5-7（3）列所示，syl 对应的二阶段最小二乘法（2SLS）估计结果中，hmd 的 $K-Prk\ LM$ 值为 28.111 且在 5% 的置信水平下显著，拒绝了变量是不可识别的原假设。此外，其 $K-Prk\ Wald\ F$ 统计值 27.777 大于 Stock-Yogo 检验 5% 水平上的临界值 16.38，拒绝了工具变量弱识别的原假设。这证明了工具变量与潜在内生性变量之间有较强的相关性，工具变量的选取具有合理性。根据核心解释变量的结果，生产性服务业集聚对制造业仍然具有正向的促进作用，表明核心结论依然成立。

（4）将上述三个变量加起来作为工具变量。为了稳健起见，本书在此选取了对弱工具变量不敏感的 LIML 方法估计，并对时间效应与空间效应进行了控制。检验结果表明，组合的工具变量对应的 $K-Prk\ LM$ 值为 49.002 且在 1% 的置信水平下显著，拒绝了变量是不可识别的原假设。此外，其 $K-Prk\ Wald\ F$ 统计值 54.229 大于 Stock-Yogo 检验 15% 水平上的临界值 13.91，拒绝了工具变量弱识别的原假设。这证明了工具变量与潜在内生性变量之间有较强的相关性，工具变量的选取具有合理性。此时，核心解释变量 $E-G$ 的系数为正且在 1% 的水平下显著，表明核心结论依旧成立。

考虑到模型的内生解释变量在异方差稳健的 DWH 检验中 P 值大于 1，存在异方差，使用 GMM 估计更优。本书同时运用 GMM 进行了估计，并在其基础上控制了时间与地域效应，且增加了滞后一期项，进一步地消除模型可能存在的内生性问题。结果如表 5-7（5）（6）列所示，其 $K-Prk\ LM$ 值均在 1% 的置信水平下显著，拒绝了变量是不可识别的原假设。此外，其 $K-Prk\ Wald\ F$ 统计值均大于 Stock-Yogo 检验 5% 水平上的临界值 16.85，拒绝了工具变量弱识别的原假设，证明了工具变量的选取具有合理性。相对性的核心解释变量都为正，且显著，表明核心结论始终成立。

表5-7　生产性服务业集聚对制造业服务化的直接经济影响——内生性检验

变量	（1） （rkmd）	（2） （hmd）	（3） （syl）	（4） （Rkmd、hhi、syl-LINL）	（5） （Rkmd、hhi、Gi1-LIML）	（6） （Rkmd、hhi、Gi1-GMM）
E-G	0.34070** (0.16051)	0.06436*** (0.01962)	0.06477*** (0.01969)	0.09666*** (0.02064)	0.05558*** (0.03072)	0.03078** (0.01779)
LE-G					−0.01199* (0.02187)	−0.00563* (0.01050)
RD	−0.00005 (0.00006)	0.00006*** (0.00002)	0.00006*** (0.00002)	0.00007*** (0.00002)	0.00007*** (0.00002)	0.00006* (0.00005)
MC	0.00003 (0.00001)	−0.00001*** (0.00001)	−0.00001*** (0.00001)	−0.00001** (0.00001)	−0.00001*** (0.00001)	−0.00002** (0.00001)
CA	0.55270** (0.29757)	0.09261 (0.09037)	0.09329 (0.09057)	−0.07187 (0.10293)	0.10019* (0.08966)	−0.38395 (0.19290)
lnHR	0.03885** (0.02081)	0.02279* (0.01555)	0.02281* (0.01557)	−0.00995 (0.01796)	0.02190* (0.01550)	0.04611* (0.03072)
RP	0.02003* (0.01600)	0.02822** (0.01146)	0.02821** (0.01145)	0.02613** (0.01105)	0.02788** (0.01133)	0.02193* (0.01766)
lnSLA	0.01050 (0.01417)	0.00370 (0.00992)	0.00371 (0.00992)	−0.00381 (0.00929)	0.00403 (0.00989)	0.02682 (0.03284)
lnLOI	−0.03346* (0.02264)	0.00684 (0.01172)	0.00678 (0.01169)	−0.05672*** (0.01818)	0.00592 (0.01171)	0.07108 (0.02452)
K-Prk LM 统计量	7.130***	46.922***	28.111**	49.002***	89.231***	89.231***
K-Prk Wald F 统计量	7.733 （6.66）	124.556 （16.38）	27.777 （16.38）	54.229 （13.91）	145.223 （16.85）	145.223 （16.85）
_cons	0.90024*** (0.11955)	0.72864*** (0.10608)	0.72890**8 (0.10603)	0.00007*** (0.00002)	0.72945*** (0.10547)	0.03078*** (0.01779)
时间效应	Yes	Yes	Yes	Yes	No	Yes
地域效应	Yes	Yes	Yes	Yes	yes	Yes
时间-地域	No	No	No	yes	No	yes
Wald 统计量	56.62***	149.94***	119.65***	180.48***	169.61***	2040.94***
R^2	0.2033	0.1365	0.1134	0.1829	0.8063	0.8101

注：*、**、***分别表示在10%、5%、1%的置信水平下显著，括号内为标准误差值。

5.1.4 稳健性检验

稳健性检验本书选取区位熵的方法来重新计算核心解释变量生产性服务业集聚（QWS），区位熵的计算方法在第四章生产性服务业集聚测算方法中有详细介绍，因此不在本节中阐述。参考上文分析，本书选取了 OLS 与 RE 两种估计方法，其在 RE 估计时同时控制了时间效应与固定效应，与核心结论分析的分析方法一致，具有可比较性。重新计算 OLS 模型结果，如表 5–8（1）列所示，QWS 的系数为 0.1516 且在 5% 的置信水平下显著，本书核心结论不变。RE 模型结果如表 5–8（2）列所示，QWS 的系数为 0.0623，且在 5% 的置信水平下显著，表明核心结论依然成立。

由于本书的数据横跨 2008 年的金融危机，且本书的研究与经济环境具有关联性，有可能会受到金融危机这样重要经济事件的影响而改变核心结论。因此，本书引入了金融危机的虚拟变量（E–GJ），2008 年之前为 0，表明不受金融危机影响，2008 年及之后为 1，表明受到金融危机的影响，从而构成了 E–$G×J$（E–GJ）与 $QWS×J$（$QWSJ$）两个交互项，并分别进行了 OLS 模型与时间 – 地域效应双控制的 RE 模型估计。如表 5–8（3）（4）列所示，E–G 指数核算下的模型在加入金融危机的交互项后，核心解释变量 E–G 指数系数为 0.1044、0.0539 且都在 5% 的置信水平下显著，表明生产性服务业集聚促进制造业服务化的核心结论仍然成立。表 5–8（5）（6）列为区位熵法计算的生产性服务业集聚 QWS 的 OLS 模型与时间 – 地域效应双控制的 RE 模型的估计结果，其中核心解释变量 QWS 的系数为 0.1234、0.1184，且都在 5% 的置信水平下显著，证明了在考虑金融危机事件对经济环境的影响后，核心结论依然有效。

此外，表 5–8（3）到（6）列中交互项的系数均为负，且显著，表明受到金融危机等经济事件的影响越深，生产性服务业集聚对制造业服务化的促进作用越低。

表5-8　生产性服务业集聚对制造业服务化的直接效应——稳健性检验

变量	（1）OLS	（2）RE	（3）OLS	（4）RE	（5）OLS	（6）RE
E-G			0.1044** (0.0425)	0.0539** (0.0240)		
LE-G			−0.0586** (0.0236)	−0.0216* (0.0166)		
QWS	0.1516** (0.0614)	0.0623** (0.0288)			0.1234** (0.0567)	0.1184** (0.0567)
QWSJ					−0.0366* (0.0230)	−0.0878** (0.0415)
RD	0.0001* (0.0003)	0.0006* (0.0003)	0.0008* (0.0004)	0.0005* (0.0003)	0.0001 (0.0003)	0.0001** (0.0004)
MC	−0.0001 (0.0001)	−0.0005 (0.0008)	−0.0002** (0.0008)	−0.0002* (0.0009)	−0.0001 (0.0001)	−0.0002** (0.0001)
CA	−0.4718 (0.2065)	−0.4768 (0.3010)	0.0603* (0.1833)	−0.2700 (0.3172)	−0.0762 (0.1973)	−0.3219* (0.3829)
lnHR	−0.0563 (0.0620)	0.0236* (0.0346)	0.0164* (0.0414)	0.0362* (0.0347)	−0.0621 (0.0625)	0.0103 (0.0401)
RP	0.0303* (0.0339)	0.0502** (0.0204)	0.0299* (0.0341)	0.0244* (0.0257)	0.0317* (0.0344)	0.0226 (0.0280)
lnSLA	−0.0004 (0.0286)	0.0161* (0.0338)	0.0012 (0.0282)	0.0094 (0.0350)	−0.0027 (0.0287)	0.0195 (0.0383)
lnLOI	0.0359** (0.0198)	0.0244** (0.0119)	−0.0020 (0.0216)	0.0179* (0.0113)	0.0263* (0.0199)	0.0359* (0.0328)
_cons	0.2468* (0.3214)	0.7656*** (0.2408)	0.7987*** (0.2206)	0.8700*** (0.2510)	0.3184* (0.3019)	0.1184** (0.0567)
时间效应	No	Yes	No	Yes	No	Yes
地域效应	No	Yes	No	Yes	No	Yes
时间−地域	No	Yes	No	Yes	No	Yes
F统计量	2.53**		6.94***		2.6**	
R^2	0.1749	0.0922	0.1493	0.1161	0.1816	0.3347
Wald检验		22.49***		72.58***		145.94***

注：*、**、***分别表示在10%、5%与1%的置信水平下显著，括号内为标准误差值。

5.2 空间经济效应

本节内容主要是检验生产性服务业集聚对制造业服务化的空间影响。

生产性服务业集聚可以从经济集聚与空间集聚两个层面来探究。现有的对生产性服务业集聚对制造业服务化的研究虽然考虑了生产性服务业集聚影响制造业服务化的其他因素，但生产性服务业集聚与制造业服务化的影响分析，除了要考虑这些已有的外界变量外，还应当考虑这些变量本身的特性。生产性服务业集聚具有服务、产品生产和消费的同时性、难以储存性、广泛联系性与本地市场依赖性较强的特征，所以往往呈现出显著的空间集聚效应（Illeris，1989；吉亚辉和甘丽娟，2015），能够影响相邻空间产业的发展（Venables，1996）。此外，生产性服务业集聚外溢效应的空间衰减特征（庞娟和孙金岭，2016），使得生产性服务业集聚的效应会随着空间的变化而变化。所以，本节内容会进一步从空间的角度综合考虑各方面因素，分析生产性服务业集聚对制造业服务化的影响。

5.2.1 模型设定、变量选取与数据处理

传统的计量模型大多没有考虑到空间上的区域相互依赖性，所以本书选取空间计量方法研究生产性服务业集聚对制造业服务化影响的空间经济效应。

5.2.1.1 模型设定

1. 空间权重矩阵

空间计量分析的第一步是建立空间权重矩阵 (Spatial Weight Matrix)，之后将其引入基本线性回归模型中进行修正。本书选取了经济地理矩阵作为权重矩阵。

2. 空间自相关

空间自相关即事物的空间特性存在的统计量。现有衡量空间自相关的方法主要为莫兰指数（Moran's I）与吉尔利指数（*Geary's C*）（Moran，1950）。本书选取被更广泛采用的 Moran's I 对本书研究的主要变量进行相关性分析。Moran's I 计算公式如下：

$$I = \frac{n\sum_{i=1}^{n}\sum_{j=1}^{n}(X_i - \bar{X})(X_j - \bar{X})}{\sum_{i=1}^{n}(X_i - \bar{X})^2} \qquad （5-4）$$

其中，n 为区域数量，X_i 与 X_j 为变量值，W_{ij} 为选取的空间权重矩阵。Moran's I 值域为 [-1,1]，若 Moran's I 大于 0 则表明事物的地理要素在空间上越集聚。反之，Moran's I 小于 0 则表明事物的地理要素在空间上越分散。

3. 计量模型选择

根据模型对"空间依赖性"体现方法的不同，空间计量模型主要分成空间滞后模型、空间误差模型（Anselin et al.，2008）与空间杜宾模型（SDM）三种（Elhorst，2014）。为区分空间模型是内生的空间滞后还是空间误差，本书参考安瑟兰（Anselin，1988）运用拉格朗日乘数（LM）进行检验，考察了变量的空间独立性，并以此判断模型类型。检验结果如表 5-9 所示，拉格朗日乘数（滞后项）（Lagrange multiplier）（lag）的 P 值为 0.62，小于 0.1，不具有显著性，而拉格朗日乘数（误差项）（Lagrange multiplier）（erro）的 P 值为 0，小于 0.01，在 0.1% 的水平下显著，接受原假设。因此，可以判断应选内生的空间误差模型（SEM）。由于 Robust Lagrange multiplier（lag）与 Robust Lagrange multiplier（erro）的稳健性检验 P 值均小于 0.01，在 0.1% 的水平下显著，拒绝原假设。同时，LR-SDM-SAR 的检验结果 P 值小于 0.05，且在 1% 的置信水平下显著，LR-SAC-SEM 检验结果 P 值大于 0.05，表明 SDM 不会退化为广义空间自回归模型（SAC），应当选择 SDM 模型。因此，本书最终选取了既考虑了随机扰动的空间滞后项，也考虑了解释变量与被解释变量的空间滞后项，且更加符合本书研究生产性服务业对制造业服务化的空间影响研究的空间杜宾模型，模型建立详情如下：

构建的空间面板空间滞后模型（SAR）为：

$$MIS = \rho WMIS + X\beta + \varepsilon \qquad （5-5）$$

构建的空间面板 SDM 模型为：

$$MIS = \rho WMIS + X\beta + WX\delta + \varepsilon \qquad (5\text{--}6)$$

构建的空间面板 SAC 模型为：

$$MIS = \rho WMIS + X\beta + WX\sigma + \varepsilon; \quad \varepsilon = \lambda w\,\varepsilon + \mu \qquad (5\text{--}7)$$

其中，ε 为正态分布的随机误差向量；W 为空间权重矩阵；MIS 为被解释变量制造业服务化指数组成的列向量；X 为解释变量矩阵，包括核心解释变量生产性服务业集聚指标与控制变量创新水平指标、资本分配指标、制造业盈利能力指标、人力资本指标、相对生产率指标、服务资源可获得指标与信息化指标；β 为参数列向量；σ 是空间杜宾参数列向量。

表 5-9　空间模型选择检验结果

检验名称	统计量结果	P 值
Lagrange multiplier(lag)	0.246	0.620
Robust Lagrange multiplier(lag)	12.286	0.000
Lagrange multiplier(erro)	53.039	0.000
Robust Lagrange multiplier(erro)	65.079	0.000
LR−SDM−SAR	23.230	0.002
LR−SAC−SEM	1.780	0.183

选定模型后，本书进一步对模型做了 Hausaman 检验，结果显示模型选取固定效应更为合适。为了能够更好地进行分析，本书做了混合估计与随机效应的检验。使用软件为 stata16.0。

5.2.1.2 变量选取与数据处理

本节主要变量与控制变量的数据来源与处理方法与上节一致，生产性服务业企业删减后为 953 家，制造业企业为 2241 家。控制变量的来源与基本计算与上节一致，但本节中的控制变量人力资本、服务资源可获得指标与信息化率为缩小方差，均进行了对数处理。

5.2.2 模型检验

5.2.2.1 空间相关性分析

本书根据已选权重准则的空间权重矩阵，对2313家上市制造业企业的制造业服务化水平的空间相关性进行检验，检验结果如表5-10所示，2006—2018年制造业服务化 Moran's I 指数均落在 0.013-0.294 之间，且 P 值大多数小于 0.1，拒绝接受不存在空间自相关的原假设，表明我国2313家上市制造业企业之间存在显著的正向空间效应，所以应当考虑空间因素的影响。

表 5-10　MIS 空间自相关检验结果

年份	指数	误差（指数）	标准（指数）	Z 值	P 值
2006	0.294	−0.038	0.12	2.771	0.006
2007	0.291	−0.038	0.121	2.732	0.006
2008	0.305	−0.038	0.119	2.873	0.004
2009	0.37	−0.038	0.12	3.409	0.001
2010	0.307	−0.038	0.119	20896	0.004
2011	0.266	−0.038	0.119	2.55	0.011
2012	0.27	−0.038	0.118	2.619	0.009
2013	0.198	−0.038	0.118	1.996	0.046
2014	0.2	−0.038	0.116	2.066	0.039
2015	0.183	−0.038	0.118	1.875	0.061
2016	0.111	−0.038	0.117	1.274	0.022
2017	0.133	−0.038	0.118	1.459	0.045
2018	0.013	−0.038	0.115	0.442	0.058

5.2.2.2 模型结果分析

本书通过拉格朗日乘数（LM）与似然比（LR）检验选取了固定效应

杜宾模型，考虑到双向固定效应杜宾模型可能在取均值的过程中存在误差（Baltagi, 2005; Lee and Yu, 2010），还选取一般杜宾模型、固定杜宾模型与随机杜宾模型作为参照组。模型结果如表5-11所示，各模型都具有较好的对数似然值。但是，固定效应与双向固定效应模型的拟合优度系数较高且相差不大，显然更优。其中固定效应的各个解释变量的空间滞后项系数更为显著，具有较强的解释能力，所以本节采用固定效应的杜宾模型结果对生产性服务业对制造业服务化的空间溢出效应进行实证分析与讨论。

根据固定效应的 SDM 模型的估计结果，如表5-11中第（2）列所示，自变量 $E\text{-}G$ 的系数为正且在1%的置信水平下显著，表明生产性服务业对制造业服务化具有正向的促进作用，这与本书第三、四章的理论假设是一致的。其中，生产性服务业集聚指标（$E\text{-}G$）的滞后项系数显著，表明了生产性服务业的集聚具有溢出效应，受到周边地区的影响。

表 5-11　生产性服务业集聚对制造业服务化的空间效应检验

变量	（1）	（2）	（3）	（4）
	OLS	FE	FE_TW	RE
$E\text{-}G$	0.02110**	0.03758***	0.01776**	0.03792***
	(0.01025)	(0.01306)	(0.00979)	(0.01339)
RD	0.00005**	0.00006*	0.00005**	0.00006*
	(0.00002)	(0.00004)	(0.00002)	(0.00004)
MC	−0.00001*	−0.00001*	−0.00001*	−0.00001*
	(0.00006)	(0.00010)	(0.00006)	(0.00095)
$lnHR$	0.04183*	0.03399	0.03324*	0.03780
	(0.02691)	(0.04138)	(0.02599)	(0.03580)
RP	0.03784***	0.02541*	0.03924***	0.02638
	(0.01367)	(0.02668)	(0.01313)	(0.02496)
$lnSLA$	−0.01903	0.02580	−0.03865*	0.01868
	(0.02193)	(0.04963)	(0.02152)	(0.03634)
$lnLOI$	−0.00534	0.03106**	−0.00613	0.03489**
	(0.01442)	(0.01454)	(0.01410)	(0.01212)
$W*E\text{-}G$	−0.00531	−0.11198***	−0.00772*	−0.11616***
	(0.00451)	(0.03973)	(0.00429)	(0.03963)

续表

变量	（1）	（2）	（3）	（4）
	OLS	FE	FE_TW	RE
$W*MC$	−0.00007 (0.00570)	−0.00002** (0.00008)	−0.00001 (0.00001)	−0.00002*** (0.00008)
时间效应	No	Yes	Yes	Yes
地域效应	No	Yes	Yes	Yes
时间－地域	No	No	Yes	Yes
ρ	0.28305***	0.16915***	0.28479**	0.13788**
R^2	0.02660	0.20300	0.00440	0.20090
N	351	351	351	351

注：*、**、*** 分别表示在 10%、5%、1% 的置信水平下显著，括号内为标准误差值。

5.2.2.3 空间效应分析

直接效应表示生产性服务业集聚与制造业服务化之间的关系，间接效应表示变量之间是否存在空间溢出效应。空间溢出效应检验结果如表 5-12（2）列所示，直接效应中变量 $E-G$ 的系数为正且显著，表明生产性服务业集聚对制造业服务化有正向的促进作用。此外，间接效应中变量 $E-G$ 的系数为 −0.10721，在 5% 的置信水平下显著，表明生产性服务业集聚对制造业服务化具有微弱溢出效应，且溢出效应为负向。这主要是产业集聚所形成的虹吸效应所致。虹吸效应也被称为虹吸现象，取自物理名词。虹吸现象是指"由于液态分子间存在引力与位能差能，液态会由压力大的一边流向压力小的一边。由于虹吸效应，地下的水分会通过虹吸管流向大气中从而造成水分流失"（刘和东，2013）。在经济学中，我们将发展梯度高的地区吸引发展梯度低的地区的人才与资源称为虹吸效应。生产性服务业的发展促进了当地的制造业服务化发展，根据"蒂伯特选择"机制，周边的优质资源与要素会向比较优势等级更高的地区流入（吴福象和刘志彪，2008），从而对周边地区的制造业服务化发展产生抑制作用。

表 5-12　生产性服务业集聚对制造业服务化的空间直接、间接与总效应

	变量	（1） OLS	（2） FE	（3） FE_TW	（4） RE
直接 效应	E-G	0.02077** (0.00976)	0.03590** (0.01393)	0.01932** (0.00933)	0.00359** (0.01394)
	RD	0.00004** (0.00019)	0.00006* (0.00037)	0.00004** (0.00019)	0.00006* (0.00004)
	MC	0.00001* (0.00058)	−0.00001* (0.00092)	0.00001* (0.00056)	−0.00001* (0.00009)
	lnHR	0.03477* (0.02325)	0.03277 (0.03404)	0.02835 (0.02248)	0.03740 (0.03430)
	RP	0.03198** (0.01315)	0.02394 (0.02429)	0.03448*** (0.01299)	0.02482 (0.02429)
	lnSLA	−0.00778 (0.02214)	0.02801 (0.03193)	−0.03714 (0.02155)	0.02078 (0.03193)
	lnLOI	−0.00482 (0.01264)	0.03093** (0.01537)	−0.00542 (0.01257)	0.03440** (0.01537)
间接 效应	E-G	−0.00866 (0.04071)	−0.10721** (0.03782)	0.02086 (0.03763)	−0.10670*** (0.03782)
	RD	−0.00010** (0.00005)	0.00009 (0.00007)	−0.00010** (0.00004)	0.00008 (0.00007)
	MC	0.00003** (0.00001)	−0.00002** (0.00009)	0.00003** (0.00001)	−0.00002** (0.00009)
	lnHR	−0.91236* (0.05725)	0.00619 (0.00670)	−0.72313* (0.05526)	0.00580** (0.00670)
	RP	−0.08388* (0.02920)	0.00373 (0.00420)	−0.08705*** (0.02807)	0.00312 (0.00420)
	lnSLA	0.14179** (0.06500)	0.00572 (0.00623)	0.11566** (0.06224)	0.00360 (0.00623)
	lnLOI	0.01239 (0.03246)	0.00512* (0.00334)	0.01416 (0.03165)	0.00459* (0.00334)
总体 效应	E-G	0.01211 (0.03922)	−0.07214* (0.04578)	0.04018 (0.03574)	−0.07080* (0.04578)
	RD	−0.00006** (0.00003)	0.00007* (0.00004)	−0.00006** (0.00003)	0.00007* (0.00004)

续表

变量		（1）	（2）	（3）	（4）
		OLS	FE	FE_TW	RE
总体效应	MC	0.00002* (0.00001)	−0.00003** (0.00001)	0.00002** (0.00001)	−0.00004*** (0.00001)
	lnHR	−0.05647* (0.03615)	0.03896 (0.03951)	−0.04396 (0.03435)	0.04321 (0.03951)
	RP	−0.05189* (0.01902)	0.02767 (0.02744)	−0.05257** (0.01770)	0.02794 (0.02744)
	lnSLA	0.13401** (0.05752)	0.03372 (0.03729)	0.08395* (0.05151)	0.02437 (0.03729)
	lnLOI	0.00758 (0.02027)	0.03605** (0.01673)	0.00870 (0.01955)	0.03899** (0.01673)
	时间效应	No	Yes	Yes	Yes
	地域效应	No	Yes	Yes	Yes
	时间−地域	No	No	Yes	Yes

注：*、**、*** 分别表示在10%、5%、1% 的置信水平下显著，括号内为标准误差值。

5.2.3 内生性检验

与上节相同，为解决模型的内生性问题，本节引入核心解释变量 $E-G$ 的滞后一期变量，构建动态空间杜宾模型。空间效应主要解释模型的选择相同，本书选取了固定效应动态空间杜宾模型的结果作为内生性检验结果的分析主体。如表 5-13 所示，核心解释变量 $E-G$ 的系数为 0.0217，且在 5% 的置信水平下显著，表明生产性服务业集聚对制造业服务化具有促进作用，本书核心结论有效。

表 5-13 生产性服务业集聚对制造业服务化的空间效应——内生性检验

变量	系数	标准误
E−G	0.02166**	0.01045
RD	0.00008***	0.00002

变量	系数	标准误
MC	−0.00002***	0.00001
lnHR	0.05338**	0.02809
RP	0.05595***	0.01419
lnSLA	−0.02917	0.02684
lnLOI	0.02181	0.02575
W * E−G	−0.01183**	0.00547
W * MC	−0.00005	0.00000
时间效应	Yes	Yes
地域效应	Yes	Yes
时间 − 地域	No	No
ρ	0.06646***	0.02168
R^2	0.35780	
Log-likelihood	323.20320	

注：*、**、***分别表示在10%、5%、1%的置信水平下显著。

从变量之间的溢出效应层面分析，如表5-14所示，从直接效应上看，引入滞后一期前，*E-G*的直接效应为0.01807，且在5%的置信水平下显著；引入滞后一期后，*E-G*的直接效应为0.01636，且在10%的置信水平下显著，表明生产性服务业集聚对制造业服务化的直接效应为促进作用，本书相关核心结论依旧成立。从间接效应上看，引入滞后一期前，*E-G*的间接效应为−0.05683，且在5%的置信水平下显著；引入滞后一期后，*E-G*的间接效应为−0.02831，且在5%的置信水平下显著，表明生产性服务业集聚存在负向的溢出效应，本节相关核心结论依旧成立。从总空间效应上看，引入滞后一期前，*E-G*的总效应为−0.03875，且在10%的置信水平下显著；引入滞后一期后，*E-G*的总效应为−0.01195，且在5%的置信水平下显著，表明生产性服务业集聚对制造业服务化具有微弱溢出效应，且溢出效应为负，出现虹吸效应。考虑到内生性问题后，本书核心结论仍然成立。

表5-14　空间直接效应、间接效应与总效应——内生性检验

变量	直接效应（SR）	间接效应（SR）	总效应（SR）	直接效应（LR）	间接效应（LR）	总效应（LR）
E-G	0.01807** (0.01078)	−0.05683** (0.03243)	−0.03875* (0.03799)	0.01636* (0.15276)	−0.02831** (0.15201)	−0.01195** (0.03031)
RD	0.00008*** (0.00002)	0.00003** (0.00002)	0.00012*** (0.00004)	−0.00001 (0.00131)	0.00004 (0.00129)	−0.00005 (0.00005)
MC	−0.00002*** (0.00001)	−0.00001 (0.00001)	−0.00003*** (0.00001)	−0.00003** (0.00035)	0.00001 (0.00034)	0.00001* (0.00001)
lnHR	0.05489** (0.02779)	0.02082* (0.01480)	0.07570** (0.03982)	0.02110* (0.54379)	0.05101** (0.53796)	−0.02991* (0.03000)
RP	0.05795*** (0.01430)	0.02165** (0.01147)	0.07959*** (0.02183)	−0.02407 (1.23164)	−0.00897 (1.21071)	−0.03304 (0.03598)
lnSLA	−0.03053 (0.02828)	−0.01168 (0.01336)	−0.04221 (0.03996)	0.03469 (1.02159)	−0.01760 (1.00343)	0.01708 (0.03180)
lnLOI	0.02216 (0.02581)	0.00890 (0.01168)	0.03107 (0.03635)	0.01556 (0.59239)	0.02631 (0.58089)	−0.01075 (0.02378)
时间效应	Yes	Yes	Yes	Yes	Yes	Yes
地域效应	Yes	Yes	Yes	Yes	Yes	Yes
时间地域	No	No	No	No	No	No

注：*、**、*** 分别表示在10%、5%、1%的置信水平下显著，括号内为标准误差值。

5.2.4 稳健性检验

与上节相似，为了考虑结论的稳健性，本书对实证结论进行了一系列的稳健性检验。

首先，运用区位熵重新计算了生产性服务业集聚（QWS），其OLS空间杜宾模型与时间–地域双向固定的RE模型估计结果如表5-15（1）（2）列所示。核心解释变量QWS的系数为0.0460、0.0471，且都在5%的置信水平下显著，表明生产性服务业促进制造业服务化，本书核心结论依然成立。

其次，引入了金融危机虚拟变量与E-G指数与QWS的交互项E-GJ与QWSJ，以E-G指数为基础的OLS空间杜宾模型与时间–地域双向固定的RE模型估计结果如表5-15（3）（4）列所示，核心解释变量的系数为0.0498、

0.0502，且均在 5% 的置信水平下显著，表明生产性服务业集聚促进制造业服务化，本书核心结论依旧成立。以 QWS 数据为基础的 OLS 空间杜宾模型与时间－地域的双向固定的 RE 模型估计结果如表 5–15（5）（6）列所示，核心解释变量的系数为 0.0486、0.0501，且均在 10% 的置信水平下显著，表明本书核心结论依然成立。

表 5–15 第（3）–（6）列中的交互项 $E-GJ$ 与 $QWSJ$ 的系数均为负，且都显著，表明受到金融危机影响的生产性服务业集聚对制造业服务化的促进作用会降低，且影响越大，抑制作用越明显。

表 5–15 生产性服务业集聚对制造业服务化的空间效应——稳健性检验

变量	（1）	（2）	（3）	（4）	(5)	(6)
	OLS	RE	OLS	RE	OLS	RE
$E-G$			0.0498** (0.0250)	0.0502** (0.0248)		
$E-GJ$			−0.0009* (0.0034)	−0.0150* (0.0200)		
QWS	0.0460** (0.0269)	0.0471** (0.0262)			0.0486* (0.0332)	0.0501* (0.0383)
$QWSJ$					−0.0059* (0.0156)	−0.0203** (0.0138)
RD	0.0000* (0.0003)	0.0001* (0.0000)	0.0005* (0.0001)	0.0001* (0.0004)	0.0003* (0.0003)	0.0004 (0.0003)
MC	−0.0005* (0.0008)	−0.0001* (0.0009)	−0.0001** (0.0001)	−0.0001** (0.0008)	−0.0007* (0.0009)	−0.0008 (0.0008)
$lnHR$	0.0287** (0.0302)	0.0317 (0.0387)	0.4126* (0.0400)	0.0389* (0.0399)	0.0222* (0.0314)	0.0399 (0.0323)
RP	0.0302** (0.0287)	0.0219 (0.0273)	0.0293* (0.0247)	0.0299* (0.0249)	0.0324** (0.0275)	0.0399 (0.0387)
$lnSLA$	−0.0322*** (0.0190)	0.0154 (0.0340)	−0.0002 (0.0330)	0.0030 (0.0324)	−0.0319** (0.0182)	−0.0207 (0.0325)
$lnLOI$	−0.0155 (0.0137)	0.0284** (0.0149)	0.0196* (0.0160)	0.0208** (0.0152)	−0.0052 (0.0153)	−0.0161 (0.0136)

续表

变量	（1）OLS	（2）RE	（3）OLS	（4）RE	(5)OLS	(6)RE
$W*QWS$	−0.0081* (0.0145)	−0.2061* (0.0299)			−0.0178 (0.0058)	−0.0233* (0.0206)
$W*MC$ (QWS)	−0.0006*** (0.0002)	−0.0757** (0.0847)				
$W*MC$ ($QWSJ$)					−0.0003* (0.3110)	−0.0002* (0.0002)
$W*E-G$			0.3618* (0.5679)	0.4246 (0.5617)		
$W*MC$ ($E-GJ$)			−0.1357* (0.0848)	−0.5189* (0.3663)		
时间效应	No	Yes	No	Yes	No	Yes
地域效应	No	Yes	No	Yes	No	Yes
时间–地域	No	Yes	No	Yes	No	Yes
ρ	0.2811*** （0.0031）	0.1077* (0.0920)	0.2816*** (0.0031)	0.1750* (0.8082)	0.2822*** (0.0027)	0.2812*** (0.0024)
R^2	0.0241	0.2721	0.3125	0.3128	0.1224	0.0231
N	351	351	351	351	351	351

注：*、**、*** 分别表示在10%、5%、1%的置信水平下显著，括号内为标准误差值。

最后，分析变量之间空间溢出效应的稳健性。如表5-16所示，从直接效应上看，QWS 的直接效应为0.04197、0.04814，且在5%的置信水平下显著，表明生产性服务业集聚对制造业服务化的直接效应为促进作用，与本节相关核心结论一致。从间接效应上看，QWS 的间接效应为 −0.04818、−0.05301，且在10%的置信水平下显著，表明生产性服务业集聚存在较弱的负向溢出效应，与本节相关核心观点相同。从总空间效应上看，QWS 的总效应为 −0.00622、−0.0049，且分别在10%和5%的置信水平下显著，表明生产性服务业集聚对制造业服务化具有微弱溢出效应且溢出效应为负向，为虹吸效应，证明本书核心结论具有稳健性。

将金融危机的交互项引入后，从直接效应上看，不论是以 $E-G$ 数据为基础的模型估计结论还是以 QWS 数据为基础的模型估计结论，都表明生产性服务业集聚对制造业服务化具有促进作用，与本书的核心结论一致，证明了本书结论的稳健性。此外，观察交互项 E-GJ 与 QWSJ 的直接效应，其系数均为 −0.02127、−0.01629、−0.00412、−0.01733，均为负值，且都在10% 的置信水平下显著，表明受到金融危机的影响，生产性服务业集聚对制造业服务化的发展的促进作用减弱，且影响越大促进作用越弱。进一步观察交互项 E-GJ 与 QWSJ 的间接效应，系数均为正值，表明在金融危机的影响下，生产性服务业集聚对制造业服务化具有正向的溢出效应。观察交互项 E-GJ 与 QWSJ 的总效应，本书发现其系数均为正值且都显著，表明在金融危机的影响下，生产性服务业集聚对制造业服务化的空间溢出从虹吸效应转变为溢出效应，生产性服务业越集聚会带动周边制造业服务化的发展。这主要是由于金融危机后生产性服务业的集聚能够在一定程度上带动服务经济的发展，服务经济从低谷中走出会促进制造业企业服务化的动能的发展，在一定程度上减少了制造业企业开展服务化战略的顾虑，因此促进了周边制造业服务化的发展。

表 5-16　空间直接效应、间接效应与总效应——稳健性检验

变量		（1）	（2）	（3）	（4）	（5）	（6）
		OLS	RE	OLS	RE	OLS	RE
直接效应	E-G			0.02632** (0.25874)	0.05127** (0.02539)		
	E-GJ			−0.02127* (0.01497)	−0.01629* (0.02030)		
	QWS	0.04197** (0.02913)	0.04814** (0.02697)			0.04460* (0.03651)	0.06432* (0.04213)
	QWSJ					−0.00412* (0.01534)	−0.01733* (0.01415)
	RD	0.00002* (0.00003)	0.00005* (0.00004)	0.00006* (0.00004)	0.00001* (0.00004)	0.00004* (0.00003)	0.00004* (0.00003)
	MC	0.00001 (0.00007)	−0.00001* (0.00001)	−0.00002** (0.00008)	−0.00002** (0.00001)	0.00005 (0.00008)	−0.00001* (0.00001)
	lnHR	0.02177* (0.22915)	0.03108 (0.03708)	0.41246* (0.04008)	0.03890* (0.03989)	0.39364* (0.28643)	0.03286* (0.02663)

续表

变量		（1）	（2）	（3）	（4）	（5）	（6）
		OLS	RE	OLS	RE	OLS	RE
直接效应	RP	0.02429* (0.02377)	0.02049* (0.02650)	0.30601* (0.02421)	0.03215* (0.02431)	0.03489* (0.0226)	0.03291* (0.02995)
	lnSLA	−0.02485** (0.01523)	0.01678 (0.03406)	−0.00236 (0.03337)	0.00091 (0.03267)	−0.02646** (0.01368)	−0.01564** (0.02652)
	lnLOI	−0.01200 (0.01085)	0.02783** (0.01567)	0.02036* (0.01617)	0.02153* (0.01535)	−0.00322 (0.01243)	−0.01309 (0.00993)
间接效应	E−G			−0.05137** (0.03795)	−0.06492 (0.03518)		
	E−GJ			0.70795* (0.39324)	0.03269* (0.02334)		
	QWS	−0.04818* (0.10249)	−0.05301* (0.00346)			−0.06542* (0.10831)	−0.12864** (0.11110)
	QWSJ					0.02737** (0.02782)	0.03210* (0.02799)
	RD	−0.00006 (0.00008)	0.00002 (0.00004)	0.00038 (0.00058)	0.00001 (0.00000)	−0.00001 (0.00001)	−0.00010* (0.00007)
	MC	0.00005** (0.00003)	−0.00001 (0.00001)	−0.00001 (0.00063)	−0.00001 (0.00001)	−0.00004** (0.00002)	−0.00004* (0.00003)
	lnHR	−0.06313* (0.06568)	−0.00008 (0.00287)	0.00123 (0.00434)	−0.00105 (0.00287)	−0.05164 (0.06800)	−0.09036* (0.07165)
	RP	−0.06621 (0.06317)	0.00117 (0.00252)	0.00207 (0.00384)	0.00051 (0.00211)	0.00006 (0.09342)	−0.09262 (0.08405)
	lnSLA	0.06978** (0.04183)	0.00108 (0.00285)	−0.00005 (0.00319)	0.00091* (0.00191)	0.07179* (0.03741)	0.04485 (0.07444)
	lnLOI	0.03491* (0.03129)	0.00144 (0.00228)	0.00139* (0.00235)	0.00073* (0.00146)	0.00922* (0.03312)	0.03666* (0.02754)
总体效应	E−G			−0.02505* (0.04873)	−0.01365** (0.04558)		
	E−GJ			0.49523** (0.04293)	0.01640** (0.02034)		
	QWS	−0.00622* (0.11290)	−0.0049** (0.0282)			−0.02079* (0.1239)	−0.06432* (0.13341)
	QWSJ					0.02333** (0.0289)	0.01477 (0.03309)

变量		（1）	（2）	（3）	（4）	（5）	（6）
		OLS	RE	OLS	RE	OLS	RE
总体效应	RD	−0.00004 (0.00005)	0.00005* (0.00004)	0.00006* (0.00004)	0.00006* (0.00004)	0.00001 (0.00001)	−0.00007 (0.00005)
	MC	0.00005* (0.00002)	−0.00002** (0.00001)	−0.00003 (0.00001)	−0.00002 (0.00001)	0.00003* (0.00002)	0.00004* (0.00002)
	lnHR	−0.04137 (0.04330)	0.03100 (0.03749)	0.04047* (0.41143)	0.03785* (0.03883)	−0.03286 (0.0432)	−0.05750 (0.04536)
	RP	−0.04191 (0.03984)	0.02166 (0.02806)	0.03367* (0.02623)	0.03266* (0.02499)	0.03548* (0.07983)	−0.05971 (0.05456)
	lnSLA	0.04493** (0.02717)	0.01787 (0.03566)	−0.00241 (0.03539)	0.00182 (0.03332)	0.04532** (0.02423)	0.02921 (0.04811)
	lnLOI	0.02291* (0.02075)	0.02927** (0.01715)	0.02174* (0.01750)	0.02226* (0.01612)	0.00601* (0.02087)	0.02357* (0.01776)
时间效应		No	Yes	No	Yes	No	Yes
地域效应		No	Yes	No	Yes	No	Yes
时间−地域		No	Yes	No	Yes	No	Yes

注：*、**、***分别表示在10%、5%、1%的置信水平下显著，括号内为标准误差值。

5.3 门槛经济效应

本节研究主要是从对产业集聚具有重要影响的创新水平、对制造业服务化战略选择产生重要影响的相对生产率两个角度，对生产性服务业集聚对制造业服务化的门槛经济效应进行检验。

从本质上看，制造业服务化即制造业升级，而创新水平是产业升级的重要因素，对生产性服务业集聚也具有重要影响。一方面，产业的集聚会促进集聚区域创新水平的提高，是产业集聚正向促进作用的重要体现；另一方面，创新水平的提升会促进产业集聚，是生产性服务业集聚的重要动因。所以，本书认为创新水平能够成为衡量生产性服务业集聚对制造业影响的门槛变量。

当制造业的产业利润低于服务业发展的利润时，企业更倾向实施服务化战略。然而实际情况中，受到服务化陷阱的影响，多数企业只有在确信开展服务化优于不改变生产类型时才会主动进行服务化。由于行业生产率能够较为真实地反映行业的发展前景，因此服务业生产率与制造业生产率的比值即相对生产率，能够成为制造业企业是否选择服务化战略、提升对生产性服务业需求的重要参考指标。所以，理论上，相对生产率具有门槛经济效应，能够作为门槛变量。

5.3.1 模型设定、变量选取与数据处理

5.3.1.1 模型设定

综上所述，本书借鉴汉森（Hansen，1999）构建了面板数据的阈值模型。考虑到时间与省份对变量的影响，本书最终选择空间效应的门槛模型构建如下所示：

$$MIS_{it} = \beta_0 + \beta_1 RD_{it-1} + \beta_2 MC_{it-1} + \beta_3 CA_{it-1} + \beta_4 \ln HR_{it-1} + \beta_5 RP_{it-1} + \beta_6 \ln SLA_{it-1}$$
$$+ \beta_7 \ln LOI_{it-1} + \beta_8 E\text{-}G_{it-1} MIS \left(RD_{it-1} < \gamma_1 \right) + \beta_9 E\text{-}G_{it-1} MIS \left(\gamma_1 \leqslant RD_{it-1} < \gamma_2 \right)$$
$$+ \beta_{10} E\text{-}G_{it-1} MIS \left(RD_{it-1} \geqslant \gamma_2 \right) + u_i + e_{it} \tag{5-8}$$

$$MIS_{it} = \beta_0 + \beta_1 RD_{it-1} + \beta_2 MC_{it-1} + \beta_3 CA_{it-1} + \beta_4 \ln HR_{it-1} + \beta_5 RP_{it-1} + \beta_6 \ln SLA_{it-1}$$
$$+ \beta_7 \ln LOI_{it-1} + \beta_8 E\text{-}G_{it-1} MIS \left(RP_{it-1} < \gamma_1 \right) + \beta_9 EG_{it-1} MIS \left(\gamma_1 \leqslant RP_{it-1} < \gamma_2 \right)$$
$$+ \beta_{10} E\text{-}G_{it-1} MIS \left(RP_{it-1} \geqslant \gamma_2 \right) + u_i + e_{it} \tag{5-9}$$

其中，MIS_{it} 为被解释变量制造业服务化指标；EG_{it} 为核心解释变量生产性服务业集聚指标；M_{it-1} 为门槛值变量；RD_{it}、MC_{it}、CA_{it}、$\ln HR_{it}$、RP_{it}、$\ln SLA_{it}$、$\ln LOT_{it}$ 分别为控制变量创新水平、资本分配比率、制造业盈利能力、取对数的人力资本水平、相对生产率、取对数的服务资源可获得率与取对数的信息化水平，核心指标与控制变量具体计算方法与内涵同第一节的内容相同，不再赘述。

5.3.1.2 变量选取

参照汉森（Hansen，1999）的面板数据固定效应门槛回归模型理论，如果已知 γ，则该模型与一般线性模型没有区别。但如果 γ 未知，则存在一个干扰参数问题，使得 γ 估计量的分布不标准。汉森（Hansen）认为检验 $\gamma = \gamma_0$ 的最佳方法是使用具有似然比（LR）统计量的"无拒绝区"方法形成置信区间。为此，本书假设给定 γ 值后对模型各个参数进行估计得到模型的系数估计值，进而得到模型的残差平方 $S_1(\gamma)$，$S_1(\gamma)$ 越小，表明门槛值 M 越接近真实的门槛水平。因此，可以连续检验各候选门槛值并观察 $S_1(\gamma)$ 的变化，选取 $S_1(\gamma)$ 最小处对应的 M 值，此时 M 值为真实的代求门槛值：$\hat{\gamma} = argmin S_1(\gamma)$。

为了进一步提高门槛估计的精确度，本节采用了"格栅搜索法"（Grid Search）连续给出各候选门槛值，格栅化水平值选为 0.0025，并将格栅化后的所有点作为候选门槛值估计值，选择其中最小的作为估计的真实门槛值。

5.3.1.3 数据处理

本节主要变量的数据来源、处理方法与第一节一致，生产性服务业企业删减后为 953 家，制造业企业为 2241 家。控制变量的来源与基本计算同第一节一致，但本节中的控制变量人力资本、服务资源可获得指标与信息化率的方差太大，所以均进行了对数处理。

5.3.2 实证结果分析

5.3.2.1 创新水平

首先，本节检验创新水平的门槛效应存在性，检验结果如表 5–17 所示。制造业服务化作为因变量时，单一门槛效果显著，双重门槛与三重门槛效果均不显著。因此，本书选取单一门槛检验结果进行分析。

其次，本节检验了创新投入门槛估计值是否等于其真实值。如表 5–18 所示，门槛估计值为 458.7，且在 95% 水平的置信区间。该检验可以用似然比函数图来加以说明，如图 5–1 所示，门槛估计量是似然比统计量（LR）为 0 时门槛变量 RD 的取值。当 $LR=0$ 时，单门槛估计量为 0.3228，置信区间是 [441.2000，460.9000]，门槛估计值有效。

表 5-17　门槛效应存在性检验

门槛变量	检验		F值	P值	不同显著水平临界值		
					90%	95%	99%
RD	单一门槛	Single	28.3800	0.0533	26.0244	29.3363	40.0470
	双重门槛	Single	28.3800	0.0500	24.7101	28.1088	40.3658
		Double	14.9300	0.3933	24.7888	30.0376	40.3658
	三重门槛	Single	28.3800	0.0867	27.0526	31.7795	47.1833
		Double	14.9300	0.3667	25.0186	31.1945	43.0045
		Triple	6.4600	0.8367	0.8367	29.5354	34.6290

表 5-18　门槛值估计结果及置信区间

门槛变量	估计值	95% 置信区间
RD	458.7	[441.2，460.9]

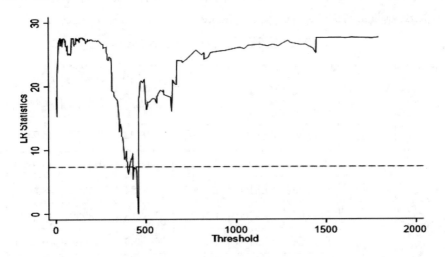

图 5-1　门槛的估计值与置信区间

最后，本书测算了创新投入门槛效应的作用。如表 5-19 所示，当创新投入超过 458 万元时，生产性服务业集聚对制造业服务化的系数由原来的 0.04318 上升为 0.32275，且在 1% 的水平下显著。综上，创新水平对生产性服务业集聚影响制造业服务化存在单门槛效应，当跨越了门槛值时，生产性服务业对制造业服务化存在显著的促进。

表5-19 创新水平单门槛估计及参数估计结果

参数	变量	估计参数	T值
β_1	RD	0.00006** (0.0002)	2.61
β_8	RD<458	0.04318*** (0.01100)	2.93
β_9	RD ≥ 458	0.32275*** (0.05925)	5.45
F 值	19.04	Prob.	0.00

注：*、**、*** 分别代表在10%、5%、1% 的置信水平下显著，括号内为标准误差值。

5.3.2.2 相对生产率

本书首先检验相对生产率门槛效应的存在性，检验结果如表5-20所示，制造业服务化作为因变量时，仅单一门槛效果显著。因此，本节选取单一门槛检验结果进行创新水平门槛效应的分析。

表5-20 门槛效应存在性检验结果

门槛变量	检验		F 值	P 值	不同显著水平临界值		
					90%	95%	99%
RP	单一门槛	Single	29.8200	0.0567	25.9202	30.1777	45.7120
	双重门槛	Single	29.8200	0.0633	26.0165	31.3936	45.2893
		Double	17.5100	0.1967	21.5384	27.6584	48.2637
	三重门槛	Single	29.8200	0.0733	27.5218	33.8909	46.5676
		Double	17.5100	0.2667	25.7883	29.349	40.4144
		Triple	35.0500	0.1030	33.666	47.0316	104.2312

其次，本书检验了相对生产率的门槛估计值是否等于其真实值。如表5-21所示，制造业服务化为因变量的门槛估计值为0.0845，在95% 水平的置信区间。根据似然比函数图（图5-2）所示，当 LR=0 时，相对生产率单门槛估计量为0.3228，置信区间是 [441.2000，460.9000]，门槛估计有效。

表 5-21　门槛值估计结果及置信区间

门槛变量	估计值	95% 置信区间
RP	0.0845	[0.0804，0.0894]

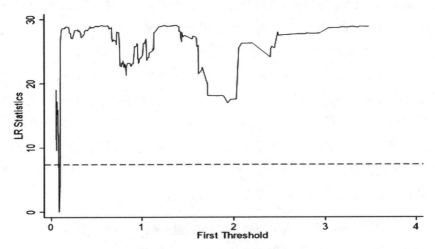

图 5-2　门槛的估计值与置信区间

最后，本书测算了相对生产率门槛效应的作用。如表 5-22 所示，当相对生产率超过 0.0845 时，影响系数由原来的 0.2172 下降为 0.0285，且在 5% 的置信水平下显著。综上，相对生产率具有门槛效应，跨越了门槛值后，生产性服务业集聚对制造业服务化的促进作用会减弱。这主要是由于服务业生产率的上升，也会在一定程度上与服务化的制造业产生竞争，当服务业生产率超过制造业生产率到一定程度后，其会产生较强的市场竞争力，不利于制造业的服务化转型。

表 5-22　相对生产率单门槛估计及参数估计结果

参数	变量	估计参数	T 值
β_1	RP	0.2578** (0.01471)	1.75
β_8	$RP < 0.0845$	0.2172*** (0.03514)	6.18
β_9	$RP \geqslant 0.0845$	0.0285** (0.01106)	2.57
F 值	19.80	Prob.	0.00

注：*、**、*** 分别代表在 10%、5%、1% 的置信水平下显著，括号内为标准误差值。

5.3.3 稳健性检验

由于不同的核心解释变量计算方法可能会影响本书主要结论的稳健性，本书运用区位熵的方法重新计算了核心解释变量生产性服务业集聚（QWS），具体计算方法与上节相同，因此不再赘述。重新估计的模型实证结果如表5-23、表5-24所示，当制造业服务化作为因变量，创新水平（RD）作为门槛变量时为单一门槛效果。根据表5-25中门槛效应估计系数及参数估计结果，发现当创新水平高于门槛值后，生产性服务业集聚促进制造业服务化的作用增加，即当创新水平足够高时，会增强生产性服务业集聚对制造业的服务化促进影响，与本节创新水平门槛变量的门槛效应趋势一致，证明本节创新水平变量门槛效应结论具有稳健性。

表5-23 创新水平门槛效应存在性结果——稳健性检验

门槛变量	检验		F值	P值	不同显著水平临界值		
					90%	95%	99%
RD	单一门槛	Single	9.73	0.7167	35.9607	44.4742	55.1728
	双重门槛	Single	9.73	0.7567	34.5645	43.2243	54.0985
		Double	9.13	0.6000	21.8103	26.5038	42.0526
	三重门槛	Single	9.73	0.7300	35.5431	44.7708	65.8744
		Double	9.13	0.5767	21.8373	26.5334	41.3257
		Triple	5.96	0.6867	17.2884	20.8051	36.8758
RD （$QWSJ$）	单一门槛	Single	12.82	0.5600	30.2192	35.3419	59.8610
	双重门槛	Single	12.82	0.5833	27.5932	33.6690	44.9386
		Double	10.27	0.5167	22.5458	26.6190	33.5235
	三重门槛	Single	12.82	0.5700	30.4226	37.0031	49.8738
		Double	10.27	0.5467	21.7837	26.0064	35.3555
		Triple	12.82	0.5700	30.4226	37.0031	49.8738

门槛变量	检验		F 值	P 值	不同显著水平临界值		
					90%	95%	99%
RD（E-GJ）	单一门槛	Single	26.95	0.0900	25.5778	32.2538	45.8626
	双重门槛	Single	26.95	0.0600	23.8359	29.1264	33.8296
		Double	15.08	0.3133	23.6123	28.2782	36.0896
	三重门槛	Single	26.95	0.0500	23.4588	26.6247	37.4959
		Double	15.08	0.3233	24.1305	27.9722	36.5836
		Triple	7.12	0.7933	24.2498	28.6117	35.3792

注：*、**、***分别代表在10%、5%、1%的置信水平下显著，括号内为标准误差值。

当制造业服务化作为因变量，相对生产率（RD）作为门槛变量时，如表5-24所示，为单一门槛效果。根据表5-25中基于QWS数据基础的相对生产联系槛效应估计系数及参数估计结果，本书发现当相对生产率高于门槛值后，生产性服务业集聚促进制造业服务化的作用降低，即当相对生产率过高时，会抑制生产性服务业集聚对制造业服务化的促进影响，与本节相对生产率门槛变量的门槛效应趋势一致，证明了本节相对生产率变量门槛效应结论的稳健性。

表5-24　相对生产率门槛效应存在性结果——稳健性检验

门槛变量	检验		F 值	P 值	不同显著水平临界值		
					90%	95%	99%
RP	单一门槛	Single	23.4800	0.0967	26.4581	32.3854	53.9501
	双重门槛	Single	23.4800	0.0867	28.2419	33.6803	44.7143
		Double	11.5900	0.6567	26.2282	30.3078	47.7606
	三重门槛	Single	23.4800	0.0833	28.4120	35.9555	51.9874
		Double	11.5900	0.6233	25.2531	31.6483	40.1733
		Triple	10.6100	0.7200	24.4782	27.5566	33.6992

门槛变量	检验		F 值	P 值	不同显著水平临界值		
					90%	95%	99%
RP（QWSJ）	单一门槛	Single	20.23	0.0246	27.1825	30.5295	36.3524
	双重门槛	Single	20.23	0.0296	29.7956	34.6902	48.7524
		Double	13.07	0.4733	25.9689	33.6130	44.7426
	三重门槛	Single	20.23	0.2833	27.9849	34.3742	48.9954
		Double	13.07	0.4767	26.2082	30.4996	45.0357
		Triple	12.23	0.5900	23.4820	28.2470	33.9131
RP（E-GJ）	单一门槛	Single	33.45	0.0500	26.1192	32.2248	45.9609
	双重门槛	Single	33.45	0.0400	25.6378	31.5717	43.1046
		Double	11.16	0.4767	23.1265	30.0217	38.2509
	三重门槛	Single	33.45	0.0500	28.2636	33.4162	52.8019
		Double	11.16	0.4600	23.8082	27.8148	37.8014
		Triple	16.80	0.3967	37.5153	45.9794	63.1550

注：*、**、***分别代表在10%、5%、1%的置信水平下显著，括号内为标准误差值。

考虑到使用的数据横跨2008年全球金融危机，可能对本节门槛变量存在影响，本节进一步引入金融危机虚拟变量对本节核心结论进行了稳健性检验。变量引入方式与上一节相同，增加 E-GJ 与 QWSJ 两个核心解释变量与虚拟变量的交互项，然后分别将两个变量引入以创新水平（RD）与相对生产率（RP）为门槛变量的固定效应门槛模型中。重新估计的模型检验结果详情如下：

第一，以 E-G 数据为基础并加入 E-GJ 交互项的创新水平（RD）门槛效应检验结果中（表5-23），单一门槛效果显著，表明门槛变量创新水平对生产性服务业集聚促进制造业服务化具有单门槛效应。根据表5-25，基于 E-G 数据并加入 E-GJ 交互项的创新水平门槛效应估计系数及参数估计结果，发现当创新水平高于门槛值后，生产性服务业集聚促进制造业服务化的作用增加，与本节创新水平门槛变量的门槛效应趋势一致，证明本节创新水平变量门槛效应结论具有稳健性。以相对生产率（RP）为门槛变量的门槛效应结果显示单一门槛效果显著（表5-24），表明门槛变量相对生产率对生产性服务业集聚促进制造业服务化为单门槛效应。根据表5-25，基于 E-G 数据并加入 E-GJ 交互项的创新水平门槛效应估计系数及参数估计结果，发现当相对生产率高于门槛值后，生产性服务业集聚促进制造业服务化的作用增强，这与本节创新水平门槛变量的门槛效应趋势一致，证明本节相对生产率变量门槛效应结论具有稳健性。

第二，以 QWS 数据为基础，加入 QWSJ 交互项的创新水平（RD）门槛效应，检验结果中，单一门槛效果显著（表5-23），表明门槛变量创新水平对生产性服务业集聚促进制造业服务化具有单门槛效应。根据表5-25，基于 QWS 数据并加入 QWSJ 交互项的创新水平门槛效应估计系数及参数估计结果，发现当创新水平高于门槛值后，生产性服务业集聚促进制造业服务化的作用增加，与本节创新水平门槛变量的门槛效应趋势一致，证明本节创新水平变量门槛效应结论具有稳健性。以相对生产率（RP）为门槛变量的门槛效应为单一门槛效应（表5-24），表明门槛变量相对生产率对生产性服务业集聚促进制造业服务化具有单门槛效应。根据表5-25，基于 QWS 数据并加入 QWSJ 交互项的相对生产率门槛效应估计系数及参数估计结果，发现当相对生产率高于门槛值后，生产性服务业集聚促进制造业服务化的作用降低，与本节相对生产率门槛变量的门槛效应趋势一致，证明本节相对生产率变量门槛效应结论具有稳健性。

表 5-25　创新水平门槛估计及参数估计结果——稳健性检验

参数	变量	估计参数	T 值
β_1	RD	0.0440*** (0.0148)	2.96
	RD（qwsj）	0.0001* (0.0002)	4.22
	RD（E-Gj）	0.0006*** (0.0002)	2.92

参数	变量	估计参数	T 值
β_1	RP	0.0521*** (0.0142)	2.36
	$RP(qwsj)$	0.0466*** (0.0139)	3.35
	$RP(E-Gj)$	0.0462*** (0.0134)	3.44
β_8	$RD < 79.4599$	0.0089* (0.0331)	0.27
	$RD < 642.8$	0.0013* (0.0314)	0.04
	$RD < 458.7$	0.0522*** (0.0142)	3.69
	$RP < 0.0512$	−0.1710*** (0.0560)	−3.06
	$RP(qwsj) < 0.0845$	−0.1970*** (0.0481)	−4.09
	$RP(E-Gj) < 1.6937$	0.2759*** (0.0360)	7.67
β_9	$RD \geqslant 79.4599$	0.0055* (0.0292)	1.90
	$RD \geqslant 642.8$	−0.0522** (0.0335)	−1.56
	$RD \geqslant 458.7$	0.3297*** (0.0594)	5.55
	$RP \geqslant 0.0512$	0.0544** (0.0286)	1.90
	$RP \geqslant 0.0845$	0.0021* (0.0311)	0.07
	$RP \geqslant 1.6937$	0.0684*** (0.0133)	5.14
F 值($RD-QWS$)	38.55	P 值	0.0000
F 值($RD-QWSJ$)	36.16	P 值	0.0000
F 值($RD-E-GJ$)	45.06	P 值	0.0000
F 值($RP-QWS$)	35.04	P 值	0.0000
F 值($RP-QWSJ$)	38.07	P 值	0.0000
F 值($RP-E-GJ$)	37.18	P 值	0.0000

注：*、**、*** 分别代表在 10%、5%、1% 的置信水平下显著，括号内为标准误差值。

综上，对于本节核心结论稳健性检验结果表明，本节的两个门槛效应核心结论具有稳健性。

5.4 本章小结

本章前三节分别讨论了生产性服务业对制造业服务化是否有直接经济效应、空间经济效应与门槛经济效应，及其影响的方向与程度。主要结论如下：

第一，在不考虑空间因素的影响下，生产性服务业集聚对制造业服务化具有促进作用。

第二，在生产性服务业集聚促进制造业服务化的过程中，创新水平的提高、制造业服务化相对生产率的提高、服务可获得性的增强与信息化水平的提高都会促进制造业服务化的发展。这主要是因为创新水平与相对生产率的提高会增强制造业服务化动机，服务的可获得性为制造业服务化创造更多机遇，促使信息化水平上升从而降低制造业服务化的成本与风险。而制造业盈利水平的上升与资本分配中流动要素占比的增加会抑制制造业服务化的发展。这主要是由于制造业企业追求利润最大化、转变惰性与流动资本占比升高会增加制造业服务化的风险，进而减弱了制造业服务化的动机，抑制了制造业服务化的发展。

第三，生产性服务业集聚外部经济效应目前仍处于倒"U"字形曲线的左侧，还没有完全发挥出产业集聚的积极作用，仍需要进一步提升生产性服务业集聚程度，并合理应对未来可能遇到的产业集聚负外部性问题。

第四，生产性服务业集聚促进本地区的制造业服务化发展，但会抑制周边地区的制造业服务化发展，具有明显的虹吸效应。

第五，将创新水平和相对生产率作为门槛变量，对生产性服务业集聚促进制造业服务化都具有单一门槛效应。总体上看，不论是创新水平的门槛变量还是相对生产率门槛变量，生产性服务业集聚对制造业始终都具有促进作用。但是创新水平与相对生产率对生产性服务业集聚影响制造业服务化的方向具有差异性，创新水平超过门槛值后会进一步促进原本的正向影响，而相对生产率门槛过界后，会抑制已有的正向影响。

  总的来看，生产性服务集聚对制造业服务化的发展具有直接经济效应、空间经济效应与门槛经济效应，且表现为正向的促进作用。

生产性服务业集聚对制造业服务化的影响研究

SHENGCHANXING FUWUYE JIJU

DUI ZHIZAOYE FUWUHUA DE

YINGXIANG YANJIU

第六章　生产性服务业集聚促进制造业服务化的中介效应检验

生产性服务业通过集聚的外部性经济效应与制造业和生产性服务业融合推动制造业服务化发展是一个动态演进的过程。理论上，生产性服务业主要通过 MAR 外部性经济效应、JACOBS 外部性经济效应、PORTER 外部性经济效应及生产性服务业与制造业耦合协同四种具体的路径来推动制造业服务化。本章从实证的角度重点分析生产性服务业集聚通过中介变量影响制造业服务化的路径，为提升我国制造业服务化提供一定的理论基础与经验支持。

6.1 中介效应I：MAR 外部性

制造业服务化本质上是制造业企业服务化升级，所以生产性服务业集聚对制造业服务化的影响研究就是生产性服务业集聚效应对制造业产业升级的影响研究。产业升级通常有两种研究视角：一是产业间生产结构的升级；二是产业生产中工艺流程、产品、功能和价值链跃进层次的升级（Humphrey and Schmitz, 2002）。第一种产业升级的研究视角能够从宏观上研究产业发展的问题，但是缺乏对微观企业的观察。第二种研究视角不仅能切实地体现制造业企业升级的具体过程，也能体现制造业服务化升级的路径。

生产性服务业本质上是服务业集聚，服务业与制造业具有鲜明的行业特征差异性。由于服务业的行业生产模式与效率具有多样性，因此与制造业不同。生产性服务业在产业集聚时不仅会形成某一生产活动而产生的专业化集聚，也会形成产业链上下游行业的多样化集聚。通常我们认为，由生产性服务业某一产业集聚形成的专业化集聚会对本产业及相关联的制造业产生 MAR 外部性经济效应，降低制造业的服务外包成本，为制造业生产提供更多的要素资源，提升制造业的创新能力（Capello and Lenzi，2013；于斌斌，2018），促进制造业升级。而由生产性服务业多个行业集聚形成的多样化集聚会提高企业服务化动机，降低制造业产品的交易成本，促进制造业服务化转型升级。此外，生产性服务业集聚还会对集群内产生 PORTER 外部性，促进集群内产业的适度竞争，优化集群内制造业发展的市场环境与公共基础，促进制造业服务化升级。

如图 6-1 所示，生产性服务业能够将人力资本、知识、技术等对产业升级的影响要素传导至制造业的生产中，是制造业升级的重要推动力。从制造业产业链来看，在产业链上游，生产性服务业向制造业投入研发、市场分析、人力培养等服务；在产业链中游，生产性服务业向制造业提供质量控制、设备及工厂的租赁与原材料的运输等服务；在产业链下游，生产性服务业为制造业提供销售、售后等服务。因此，生产性服务业集聚的专业化集聚 MAR 外部性经济效应、多样化集聚 JACOBS 外部性经济效应与竞争性集聚 PORTER 外部性经济效应影响制造业发展的全产业链。在此过程中，需求规模、综合交易成本、社会创新体系、要素禀赋和政策环境等外部因素将首先通过生产性服务业的 MAR、JACOBS 与 PORTER 外部性经济效应三条路径对制造业发展的成本剩余和收益剩余施加影响，再将此影响传递到制造业服务化当中（于斌斌，2019）。其中，生产性服务业集聚的 MAR 外部性经济效应主要通过提高产业群内生产性服务业的生产效率，促进生产性服务业与制造业服务化劳动力需求匹配来增加制造业的成本剩余。同样，生产性服务业集聚的 PORTER 外部性经济效应通过促进集群内产业适度竞争，提高集群内产业的竞争优势，促进产业创新，增加制造业生产的成本剩余，进而推动集群内制造业升级，提升制造业服务化水平。而生产性服务业集聚的 JACOBS 外部性经济效应（Porter，1996）则主要通过产业链上下游的劳动力共享、创新技术与信息溢出为制造业提供更多的服务化发展空间，提升制造业的收益剩余，进而促进制造业服务化升级。

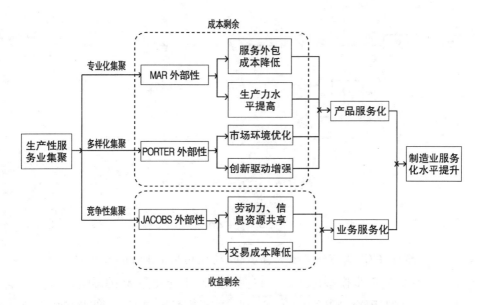

图 6-1 生产性服务业集聚对制造业服务化的影响机制图

资料来源：作者整理绘制。

6.1.1 模型设定

中介效应模型能够检验变量之间的互动机制与影响过程，被广泛应用于管理学与心理学的研究。中介效应模型中的中介变量是自变量对因变量发生影响的中介，它体现的是一种内部机制，通过这种内部机制自变量对因变量起作用（Baron，1986；温忠麟等，2004；冯泰文，2009）。

假设中介变量 M 去中心化，自变量对因变量的影响如图6-2所示，a、b、c 分别为变量之间相关系数的估计值，c' 表示中介效应影响系数，μ_1、μ_2、μ_3 分别为误差项。当中介变量唯一时，效应关系如公式（6-1）所示，即中介效应为直接效应与中介效应之和。

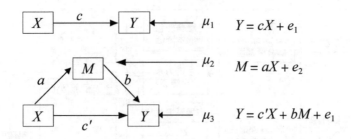

图 6-2　中介变量示意图

$$c = c' + ab \qquad\qquad (6-1)$$

中介效应的检验方法主要为逐步回归法（Judd and Kenny, 1981）。首先，构建中介效应三步模型，Step1：自变量 X 对中介变量 M 的影响；Step2：中介变量 M 对因变量 Y 的影响；Step3：在自变量影响下，逐步检验中介变量 M 对因变量 Y 的影响。其次，参照图 6-3 所示，根据依次检验的结果判断是否需要进行下一步检验或得出结论。

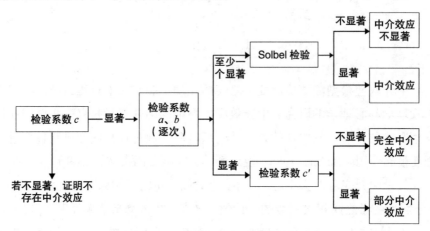

图 6-3　中介效应检验流程图

本节主要考察生产性服务业集聚的 MAR 外部性经济效应作为中介变量，是否是生产性服务业集聚影响制造业服务化的一种内部机制（Baron, 1986）。因此，本节的三步中介效应模型构建与逻辑如图 6-4 所示。

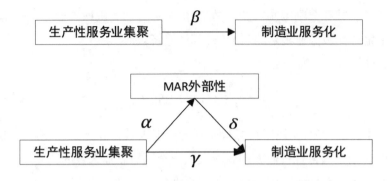

图 6-4　MAR 外部性经济效应中介效应逻辑图

Step 1：验证生产性服务业集聚对中介变量（MAR 外部性经济效应）的影响。

$$MAR_{it} = a_0 + a_1E - G_{it} + a_2X_{it} + C_i + C_t + \mu_{it} \qquad （6-2）$$

Step 2：验证中介变量 β（MAR 外部性经济效应）对制造业服务化的影响。

$$MIS_{it} = \delta_0 + \delta_1MAR_{it} + \delta_2X_{it} + C_i + C_t + \mu_{it} \qquad （6-3）$$

Step 3：验证在生产性服务业集聚情况下中介变量（MAR 外部性经济效应）对制造业服务化的影响。

$$MIS_{it} = \gamma_0 + \gamma_1E - G_{it} + + \gamma_2lnTFP_{it} + \gamma_3 X_{it} + C_i + C_t + \mu_{it} \qquad （6-4）$$

其中，MIS_{it} 是 G_{it} 对 MIS_{it} 的总效应，γ_0 是经过中介变量 MAR_{it} 的中介效应，γ_1 是中介效应下的直接效应，μ_{it} 是误差项。X_{it} 代表控制变量，包括创新水平（RD）、人力资源（HR）、相对生产率（RP）、制造业盈利能力（MC）、服务可获得性（SLA）、信息化水平（LOI）、资本分配（CA）。

6.1.2 变量选取与数据说明

本节内容所提及的自变量为生产性服务业集聚（E-G），因变量为制造业服务化（MIS），指标计算分别参考埃利森和格莱泽（Ellison and Glaeser，1997）的 E-G 指数与尼利（Neely，2008）的微观企业人工甄别法。具体计算方法与本书第四章相同，故不再赘述。

中介变量选取生产性服务业集聚的 MAR 外部性经济效应（MAR），主要参考于斌斌和金刚（2014）对 MAR 的测算方法，选取产业专业化集聚指数表示生产性服务业集聚的 MAR 外部性经济效应。

具体测算公式如下：

$$MAR_a = Max_b = （S_{ba} / S_a）\qquad （6-5）$$

其中，S_{ba} 表示 a 地区目标行业 b 的就业人数占 a 地区总就业人数的比重；S_a 表示全国目标行业 b 的就业人数占全国总就业人数的比重。

本节主要自变量、因变量和各控制变量数据来自 2007—2019 年《中国城市统计年鉴》中介变量数据来自 2007—2019 年《中国统计年鉴》，主要变量描述性统计结果如表 6-1 所示。

表 6-1　主要变量描述性统计

变量	均值	标准差	最小值	最大值
E-G	−0.4668	0.5714	−5.3939	0.0140
MIS	0.7786	0.1595	0.2352	1.0000
MAR	1.0654	0.4174	0.5262	2.9546
RD	382.0150	464.6494	2.1000	2704.7000
MC	1977.3110	2024.9400	−91.8900	10574.4000
CA	0.5598	0.0691	0.3960	0.7061
HR	0.1181	0.0729	0.0306	0.4865
RP	0.9393	0.8794	0.0498	5.0016
SLA	44.1339	56.30861	0.8398	365.9276
LOI	1343.9530	1392.6790	33.5000	8149.1000

6.1.3 实证结果分析

为避免模型估计的伪回归，本节对主要变量进行了平稳性检验，检验结果如表 6-2 所示，各变量都是同阶平稳，可以直接进行模型估计。

表 6-2　各变量单位根检验结果

变量	E-G	MIS	MAR	RD	MC	CA	HR	RP	SLA	LOI
Z 值	6.385	−7.086	−12.610	12.915	−6.632	−15.819	−4.460	5.652	−3.154	7.292
P 值	0.000	0.000	0.000	0.000	0.000	0.000	0.000	0.000	0.008	0.000

为降低中介变量与解释变量的内生性影响，提高模型估计的准确度，本节进一步测算了各个自变量的方差膨胀系数（VIF），结果如表 6-3 所示，VIF 值均小于 10，表明中介变量 MAR 与解释变量 E-G 不存在多重共线性问题，实证结果具有真实性与准确性。

表 6-3　各自变量方差膨胀系数

变量	E-G	MAR	RD	MC	HR	SLA	HP	LPI	CA	平均 VIF
VIF	1.39	2.96	8.86	7.46	3.53	2.6	2.53	2.43	1.59	3.7
1/VIF	0.720	0.338	0.113	0.134	0.283	0.385	0.396	0.411	0.628	

模型估计结果如表 6-4 所示，生产性服务业集聚的 MAR 外部性经济效应对生产性服务业集聚促进制造业升级中介效应检验中 β_1、a_1、δ_1、γ_1 的系数均显著，且中介效应系数为 0.1784，表明中介变量 MAR 具有部分中介效应，且为正向的促进作用。

其中，自变量 E-G 对中介变量的作用为 0.1230，表明生产性服务业越集聚 MAR 外部性经济效应越高，生产性服务业集聚形成的资源共享与规模效应会促进生产性服务业某一行业的迅速集聚，行业的集聚会降低行业运营成本，促进创新，进而提升制造业的专业化水平，促进制造业服务化的发展。

中介变量 MAR 对因变量 MIS 的影响为 0.1803，表明中介变量 MAR 对制造业服务化具有促进作用。生产性服务业集聚的 MAR 外部性经济效应增强，提升了生产性服务业的专业化程度。一方面，专业化程度更高的生产性服务业能够给制造业服务外部提供更专业、高效的产品与服务，降低制造业的生产成本，为制造业服务化奠定基础；另一方面，专业化的生产性服务业能够将更多的知识和技术创新注入制造业的生产环节，促进制造业的服务化升级。

表6-4　生产性服务业集聚的 MAR 外部性经济中介效应结果

变量	（1）	（2）	（3）
	MAR	*MIS*	*MIS*
MAR		0.1803*** (0.0316)	0.0494*** (0.0161)
E–G	0.1230*** (0.0274)		0.1562*** (0.0321)
RD	0.0002*** (0.0001)	0.0004* (0.0003)	0.0004* (0.0003)
MC	−0.1293*** (0.0220)	−0.0352*** (0.0134)	−0.0377*** (0.0132)
HR	4.3831*** (0.2402)	−0.6574*** (0.1979)	−0.5898*** (0.1966)
CA	0.3349* (0.2653)	−0.1396 (0.1502)	−0.0408 (0.1517)
RP	0.0154 (0.0258)	0.0294** (0.0149)	0.0280** (0.0147)
SLA	0.0138 (0.0187)	0.0007 (0.0108)	0.0030 (0.0107)
LOI	−0.0930*** (0.0212)	0.0520*** (0.0122)	0.0421*** (0.0125)
_*cons*	1.8334*** (0.2299)	0.5988*** (0.1443)	0.6608*** (0.1438)
时间效应	Yes	Yes	Yes
地域效应	Yes	Yes	Yes
R^2	0.6621	0.2192	0.2419
$\beta = \gamma + a \times \delta = 0.1784$			

注：*、**、*** 分别表示在 10%、5%、1% 的置信水平下显著。

综上，生产性服务业集聚通过集聚的 MAR 外部性经济效应能对制造业服务化形成正向促进作用。因此，在生产性服务业集聚提升制造业服务化的过程中，应当考虑集聚的 MAR 外部性经济效应的作用，并对相关路径进行更多的开拓与引导。

6.2 中介效应 Ⅱ：JACOBS 外部性

6.2.1 模型设定

本节主要考察生产性服务业集聚的 JACOBS 外部性经济效应作为中介变量，是否是生产性服务业集聚影响制造业服务化的一种内部机制。因此，本节的三步中介效应逻辑与模型构建如图 6-5 所示。

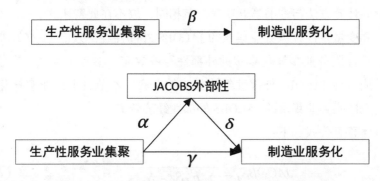

图 6-5　JACOBS 外部性经济效应中介效应逻辑图

Step 1：验证生产性服务业集聚对中介变量（JACOBS 外部性经济效应）的影响。

$$JACOBS_{it} = a_0 + a_1E - G_{it} + a_2X_{it} + C_i + C_t + \mu_{it} \qquad （6-6）$$

Step 2：验证中介变量（JACOBS 外部性经济效应）对制造业服务化的影响。

$$MIS_{it} = \delta_0 + \delta_1JACOBS_{it} + \delta_2X_{it} + C_i + C_t + \mu_{it} \qquad （6-7）$$

Step 3：验证在生产性服务业集聚情况下中介变量（JACOBS 外部性经济效应）对制造业服务化的影响。

$$MIS_{it} = \gamma_0 + \gamma_1 E - G_{it} + \gamma_2 JACOBS_{it} + \gamma_3 X_{it} + C_i + C_t + \mu_{it} \qquad (6-8)$$

式中，G_{it} 表示生产性服务业集聚度，MIS_{it} 表示制造业服务化水平，$JACOBS_{it}$ 表示 i 地区 t 时期生产性服务业集聚 JACOBS 外部性经济效应。MIS_{it} 是 G_{it} 对 $JACOBS_{it}$ 的总效应，γ_0 是经过中介变量 $JACOBS_{it}$ 的中介效应，γ_1 是中介效应下的直接效应，μ_{it} 是误差项。X_{it} 代表控制变量，包括创新水平（RD）、制造业盈利能力（MC）、资本分配（CA）、人力资源（HR）、相对生产率（RP）、服务可获得性（SLA）、信息化水平（LOI）。

6.2.2 变量选取与数据说明

本节自变量为生产性服务业集聚，因变量为制造业服务化。自变量与因变量的计算方法与本书第五章第一节相同，故不在此赘述。

中介变量生产性服务业集聚的 JACOBS 外部性经济效应（$JACOBS$）即衡量生产性服务业多样化集聚的外部性经济效应，参考于斌斌（2019）对生产性服务业 JACOBS 外部性经济效应的考察，本节选取产业多样化集聚表示生产性服务业集聚的 JACOBS 外部性经济效应。

具体计算公式如下：

$$JACOBS_a = \frac{1}{\sum b \, | \, S_{ba} - S_a \, |} \qquad (6-9)$$

其中，S_{ba} 与 S_a 含义与上节相同，因此不再赘述。

本节自变量与因变量生产性服务业集聚与制造业服务化数据来源与第五章第一节相同，中介变量数据来源与本章上一节相同，因此都不再赘述。主要变量描述性统计特征如表 6-5 所示：

表 6-5　主要变量描述性统计特征

变量	均值	标准差	最小值	最大值
$E-G$	−0.4668	0.5714	−5.3939	0.0140
MIS	0.7786	0.1595	0.2352	1.0000

续表

变量	均值	标准差	最小值	最大值
JACOBS	0.0003	0.0004	0.0001	0.0028
RD	382.0150	464.6494	2.1000	2704.7000
MC	1977.3110	2024.9400	−91.8900	10574.4000
CA	0.5598	0.0691	0.3960	0.7061
HR	0.1181	0.0729	0.0306	0.4865
RP	0.9393	0.8794	0.0498	5.0016
SLA	44.1339	56.30861	0.8398	365.9276
LOI	1343.9530	1392.6790	33.5000	8149.1000

由于本节的数据类型为面板数据，为去除面板数据中省份与时间的影响，本书选取基于最小二乘法估计的固定效应模型分析变量之间的中介效应。软件为 stata16.0。

6.2.3 实证结果分析

为避免实证出现伪回归问题，对主要变量进行了平稳性检验，检验结果如表 6-6 所示。各变量均同阶单整，可以直接进行模型估计。

表 6-6　各变量单位根检验结果

变量	*E-G*	*MIS*	*JACOBS*	*RD*	*MC*	*CA*	*HR*	*RP*	*SLA*	*LOI*
Z 值	6.385	−7.086	−3.7606	12.915	−6.632	−15.819	−4.460	5.652	−3.154	7.292
P 值	0.000	0.000	0.000	0.000	0.000	0.000	0.000	0.000	0.008	0.000

进一步测算各个自变量的 VIF 值。结果如表 6-7 所示，VIF 值均小于 10，表明中介变量 *JACOBS* 与解释变量 *E-G* 不存在多重共线性问题，实证结果具有真实性与准确性。

表6-7　各自变量方差膨胀系数

变量	E-G	JACOBS	RD	MC	HR	SLA	HP	LPI	CA	平均VIF
VIF	1.35	2.73	8.46	6.88	2.85	2.54	2.53	2.28	1.7	3.48
1/VIF	0.739	0.367	0.118	0.145	0.350	0.394	0.395	0.440	0.590	

模型估计结果如表6-8所示，自变量对中介变量的影响系数为0.0007，且在1%的置信水平下显著，表明生产性服务业集聚会促进JACOBS外部性经济效应，但程度较弱。这主要是由我国制造业发展阶段与具体国情决定的。生产性服务业涉及制造业生产的全产业链，所以生产性服务业的集聚会促进集聚区域上、中、下游产业的全方位集聚，推动形成产业集聚的JACOBS外部性经济效应。但是，目前我国仍处于工业化的后期阶段，前期重工业化发展的生产模式路径依赖使得我国制造业对生产性服务业多样化集聚的需求水平较低。受到制造业需求水平的影响，我国生产性服务业专业化集聚较多，产业纵向与横向集聚并存的集聚较少，所以现存的生产性服务业集聚对生产性服务业的JACOBS外部性经济效应为正，但程度较低。

中介变量JACOBS对因变量MIS的影响系数为38.2595，但不显著。理论上，生产性服务业集聚的JACOBS外部性经济效应能够通过全产业链的集聚为制造业服务化注入更多的人力资本、知识、技术等要素，并通过产业链不同区域的产业互动来降低制造业交易成本，提升制造业价值链，促进制造业的服务化。但是，由于我国生产性服务业集聚目前主要为单一集聚，多样化集聚程度较低，相对应的JACOBS外部性经济效应较小，因此对制造业服务化发展的促进作用不明显。

表6-8　生产性服务业集聚的JACOBS外部性经济效应中介效应检验结果

变量	（1）	（2）	（3）
	JACOBS	MIS	MIS
JACOBS		38.2595 (32.0281)	8.0179* (21.6449)

变量	（1）	（2）	（3）
	JACOBS	MIS	MIS
E–G	0.0007*** (0.0002)		0.0709*** (0.0059)
RD	0.0002** (0.0004)	0.0007** (0.0002)	0.0007** (0.0001)
MC	0.0001*** (0.0001)	−0.0009*** (0.00007)	−0.0001*** (0.0007)
HR	−0.0008* (0.0001)	−0.0002 (0.1850)	−0.0041 (0.0555)
CA	4.8554** (0.6202)	−0.1698 (0.2154)	0.0029* (0.0075)
RP	−0.2000 (0.6202)	0.3382** (0.0173)	0.0038** (0.0054)
SLA	0.0051*** (0.0515)	0.0003 (0.0003)	−0.0006 (0.0039)
LOI	0.0003*** (0.00092)	0.0002 (0.00006)	0.0034 (0.0045)
_cons	0.0003** (0.0002)	0.6125*** (0.1174)	0.8379*** (0.0427)
Province	固定	固定	固定
Year	固定	固定	固定
R^2	0.5776	0.0672	0.0569
$\beta = \gamma + a \times \delta = 0.0977$			

注：*、**、*** 分别表示在 10%、5%、1% 的置信水平下显著。

在中介效应的影响下，生产性服务业集聚对制造业服务化的影响系数为 0.0709 且在 1% 的置信水平下显著，表明在中介效应的影响下生产性服务业集聚对制造业产生明显的推动作用。此外，最终中介总效应为 0.0977，表明 JACOBS 外部性经济效应会促进生产性服务业对制造业服务化的正向影响效应。

6.3 中介效应 Ⅲ：PORTER 外部性

6.3.1 模型设定

本节主要考察生产性服务业集聚的 PORTER 外部性经济效应是否是生产性服务业集聚影响制造业服务化的一种内部机制。据此，本节的三步中介效应逻辑与模型构建如图 6-6 所示。

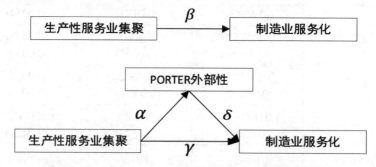

图 6-6　PORTER 外部性经济效应中介效应逻辑图

Step 1：验证生产性服务业集聚对中介变量（PORTER 外部性经济效应）的影响。

$$MIS_{it} = a_0 + a_1 E - G_{it} + a_2 X_{it} + C_i + C_t + \mu_{it} \qquad (6\text{-}10)$$

Step 2：验证中介变量（PORTER 外部性经济效应）对制造业服务化的影响。

$$MIS_{it} = \delta_0 + \delta_1 PORTER_{it} + \delta_2 X_{it} + C_i + C_t + \mu_{it} \qquad (6\text{-}11)$$

Step 3：验证在生产性服务业集聚情况下中介变量（PORTER 外部性经济效应）对制造业服务化的影响。

$$MIS_{it} = \gamma_0 + \gamma_1 E - G_{it} + \gamma_2 PORTER_{it} + \delta_2 X_{it} + C_i + C_t + \mu_{it} \qquad (6-12)$$

式中，G_{it} 表示生产性服务业集聚度，MIS_{it} 表示制造业服务化水平，$PORTER_{it}$ 表示 i 地区 t 时期的制造业服务化集聚 PORTER 外部性经济效应。MIS_{it} 是 G_{it} 对 $PORTER_{it}$ 的总效应，γ_0 经过中介变量 $PORTER_{it}$ 的中介效应，γ_1 是中介效应下的直接效应，μ_{it} 是误差项。X_{it} 代表控制变量，包括创新水平（RD）、制造业盈利能力（MC）、资本分配（CA）、人力资源（HR）、相对生产率（RP）、服务可获得性（SLA）、信息化水平（LOI）。

6.3.2 变量选取与数据说明

本节内容所提及的自变量为生产性服务业集聚，因变量为制造业服务化。自变量与因变量的计算方法与第五章第一节相同，EG 指数法和人工甄别法，具体计算方法不在此赘述了。

中介变量生产性服务业集聚的 PORTER 外部性经济效应（$PORTER$）即衡量生产性集聚的良性竞争经济效用。本书基于杨仁发（2013）对集聚的 PORTER 外部性经济效应计算方法，构建了 PORTER 外部性经济效应指标。其中，由于原有的市场竞争程度指标需要用到的规模以上企业个数的数据自 2011 年统计口径发生变更，数据难以保持连贯性不具有表征意义，本节进一步参考了刘胜和顾乃华（2015）与于斌斌（2019）对指标计算中规模以上企业数量统计口径变更问题的修正，构建了生产性服务业集聚。具体计算公式如下：

$$PORTER_{ab} = Hgg_{ab} \times Mcom_{ab} \qquad (6-13)$$

$$Hgg_{ab} = \frac{PE_{ab} / TE_{ab}}{PE_b / TE_b} \qquad (6-14)$$

$$Mcom_{ab} = \log(asl_{ab}) \qquad (6-15)$$

其中，Hgg_{ab} 表示 a 地区 b 年的生产性服务业的集聚程度，$Mcom_{ab}$ 表示 a 地区 b 年的生产性服务业市场竞争程度，PE_{ab} 表示 a 地区 b 年目标产业就业人数，TE_{ab} 表示 a 地区 b 年总就业人数，PE_b 表示全国 b 年目标产业总就业人数，TE_b 表示全国 b 年总就业人数，asl_{ab} 表示 a 地区 b 年的目标产业单位职工平均工资水平取对数。

本节自变量与因变量生产性服务业集聚与制造业服务化数据来源与第五章第一节相同，因此不再赘述。在控制变量中，除了对制造业盈利能力（MC）、服务可获得性（SLA）、信息化水平（LOI）做了对数处理外，计算方法与数据来源与第五章相同，故不再赘述。中介变量生产性服务业集聚外部性经济效应（$PORTER$）数据来源为 2007—2019 年的《中国统计年鉴》和《中国城市统计年鉴》。

主要变量描述性统计特征如表 6-9 所示：

表 6-9　主要变量描述性统计特征

变量	均值	标准差	最小值	最大值
$E-G$	−0.4668	0.5714	−5.3939	0.0140
MIS	0.7786	0.1595	0.2352	1.0000
$PORTER$	5.6724	2.3841	2.7563	17.1871
RD	382.0150	464.6494	2.1000	2704.7000
MC	7.0817	1.0737	3.4240	9.2662
CA	0.5598	0.0691	0.3960	0.7061
HR	0.1181	0.0729	0.0306	0.4865
RP	0.9393	0.8794	0.0498	5.0016
SLA	3.1142	1.2055	−0.1745	5.9024
LOI	6.5915	1.0583	3.5116	8.7844

由于本节的数据类型为面板数据，为去除面板数据中省份与时间的影响，本书选取基于最小二乘法估计的固定效应模型分析变量之间的中介效应。软件为 stata16.0。

6.3.3 实证结果分析

为避免实证出现伪回归问题，对主要变量进行了平稳性检验。检验结果如表 6-10 所示，各变量均同阶单整，可以直接进行模型估计。

表 6-10　各变量单位根检验结果

变量	E-G	MIS	PORTER	RD	MC	CA	HR	RP	SLA	LOI
Z 值	6.385	−7.086	−3.7606	12.915	−6.632	−15.819	−4.460	5.652	−3.154	7.292
P 值	0.000	0.000	0.000	0.000	0.000	0.000	0.000	0.000	0.008	0.000

进一步测算各个自变量的 VIF（方差膨胀系数）。结果如表 6-11 所示，VIF 值均小于 10，表明中介变量 PORTER 与解释变量 E-G 不存在多重共线性问题，实证结果具有真实性与准确性。

表 6-11　各自变量方差膨胀系数

变量	E-G	PORTER	RD	MC	HR	SLA	HP	LPI	CA	平均 VIF
VIF	1.36	1.63	8.83	7.44	2.66	2.61	2.52	2.3	1.57	3.44
1/VIF	0.735	0.612	0.113	0.134	0.375	0.383	0.396	0.435	0.638	

模型估计结果如表 6-12 所示，自变量 E-G 对中介变量的影响系数为 0.6181 且在 1% 的置信水平下显著，表明生产性服务业集聚会促进 PORTER 外部性经济效应。这与我国的现状一致，生产性服务业集聚形成的规模效用与区域产业集聚，增强了市场内产业内竞争强度，淘汰落后产能，促进产业公平，形成了正向的产业竞争外部性经济效应。

中介变量 PORTER 对因变量 MIS 的影响系数为 0.0289，且在 1% 的置信水平下显著，表明变量 PORTER 是生产性服务业集聚促进制造业服务化的完全中介变量。此时，中介变量产生的总中介效应就是 PORTER 外部性经济效应的系数，即为 0.0577，表明 PORTER 外部性经济效应对生产性服务业集聚促进制造业服务化具有促进作用。

表 6-12　生产性服务业集聚的 PORTER 外部性经济效应中介效应检验结果

变量	（1）	（2）	（3）
	PORTER	MIS	MIS
PORTER		0.0289*** (0.0054)	0.0577*** (0.0049)
E-G	0.6181*** (0.1616)		0.0208*** (0.0036)
RD	0.0011*** (0.0003)	0.0005* (0.0003)	0.0005 (0.0001)
lnMC	−0.6000** (0.1297)	−0.0413*** (0.0132)	−0.0042* (0.0040)
CA	23.3856*** (1.4151)	0.5396*** (0.1904)	−0.0479 (0.0577)
HR	0.8933* (1.5626)	−0.1134 (0.1512)	−0.0011 (0.0467)
RP	0.0147* (0.1522)	0.0319** (0.0150)	0.0029* (0.0045)
lnSLA	0.1073 (0.1103)	−0.0001 (0.0109)	0.0002 (0.0033)
lnLOI	−0.5755*** (0.1249)	0.0526*** (0.012)	0.0041* (0.0039)
_cons	10.0952*** (1.3545)	0.6359*** (0.1440)	0.6877*** (0.0480)
Province	固定	固定	固定
Year	固定	固定	固定
R^2	0.6103	0.2093	0.1688
$\beta = \gamma = 0.0577$			

注：*、**、*** 分别表示在 10%、5%、1% 的置信水平下显著。

综上，生产性服务业集聚的 PORTER 外部性经济效应在生产性服务业促进制造业服务化中存在完全中介效应，且为促进作用。

6.4 中介效应 Ⅳ: 产业互动

现有关于生产性服务业与制造业耦合对生产性服务业集聚影响制造业服务化的研究，普遍认为生产性服务业与制造业的耦合协同会促进制造业升级，推动制造业服务化水平。如杜传忠等（2013）研究了生产性服务业与制造业耦合协调度对制造业产业竞争力的影响，发现耦合协同度越优制造业产业竞争力越强，产业升级动能提升越显著。

如图 6-7 所示，生产性服务业集聚通过提升生产性服务业与制造业的耦合度，推动两个产业创建更多的合作平台，降低制造业的交易成本，促进其生产效率的提升，进而为制造业服务化升级带来助益。与此同时，丰富的合作交流机制不仅会为制造业提供便捷的服务，也会为制造业带来更多服务化的机遇，降低其进入服务业的壁垒，减少服务化转型的风险，最终促进制造业服务化水平的提升。

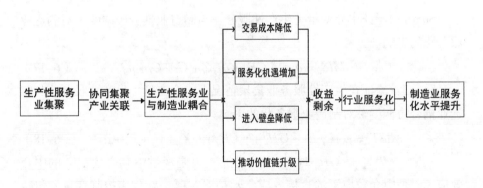

图 6-7 生产性服务业集聚影响制造业服务化产业关联路径机理图

资料来源：作者整理绘制。

6.4.1 模型设定

本节主要考察生产性服务业与制造业耦合是否是生产性服务业集聚影响制造业服务化的一种内部机制（Baron，1986）。具体模型构建与逻辑如图6-8所示。

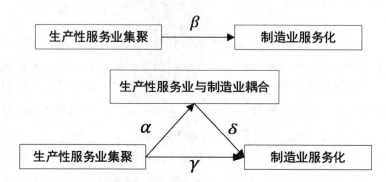

图6-8 "两业"耦合协调中介效应逻辑图

Step 1：验证生产性服务业集聚对中介变量（生产性服务业与制造业耦合协调度）的影响。

$$CF_{it} = a_0 + a_1E - GH_{it} + a_2X_{it} + C_i + C_t + \mu_{it} \qquad （6-16）$$

Step 2：验证中介变量（生产性服务业与制造业耦合协调度）对制造业服务化的影响。

$$MIS_{it} = \delta_0 + \delta_1CF_{it} + \delta_2X_{it} + C_i + C_t + \mu_{it} \qquad （6-17）$$

Step 3：验证在生产性服务业集聚情况下中介变量（生产性服务业与制造业耦合协调度）对制造业服务化的影响。

$$MIST_{it} = \gamma_0 + \gamma_1E - GH_{it} + \gamma_2CF_{it} + \gamma_3X_{it} + C_i + C_t + \mu_{it} \qquad （6-18）$$

其中，$MIST_{it}$ 是 GH_{it} 对 CF 的总效应，γ_0 是经过中介变量 CF_{it} 的中介效应，γ_1 是中介效应下的直接效应，μ_{it} 是误差项。X_{it} 代表控制变量，包括创新水平（RD）、制造业盈利能力（MC）、资本分配（CA）、人力资源（HR）、相对生产率（RP）。

6.4.2 变量选取与数据说明

本节的因变量 $MIST$ 与自变量 $E-GH$ 的数据来源与上节相同，均为 2006—2019 的《中国统计年鉴》与 Wind 数据库。由于中介变量生产性服务业集聚与制造业服务化（CF）的统计口径为全国，因此自变量与因变量都在原有数据的基础上计算为全国数据。其中，由于衡量生产性服务业集聚的 E–G 指数，不适用于衡量剔除空间效应的产业集聚程度。所以，本节的自变量 $E-GH$ 的选用仅考虑行业集聚的赫芬达尔指数（HHI）。计算过程如本书第三章计算方法整理所示。公式内控制变量计算方法与上节相同，但数据均为国家数据。

本节中介变量生产性服务业与制造业耦合度（CF）的计算参考唐晓华等（2018）的两步法产业耦合度测算方法。第一，从产业规模、经济效益、社会贡献、发展动能四个方面构建四维评价指标体系，测算生产性服务业与制造业服务化的发展水平。生产性服务业与制造业发展水平评价体系详情如表 6–13 所示。

表 6–13 生产性服务业与制造业发展水平评价指标体系

一级指标	二级指标	计算方法
产业规模	企业单位个数（个）	企业数量总和
	固定资产投资总额（亿元）	固定资产投资量总和
	总产值（亿元）	产值量总和
经济效益	就业人员平均劳动报酬（元）	工资总额 / 就业人员数
	劳动生产率（元 / 人）	产值总量 / 就业人员人数
社会贡献	就业人数（万人）	就业人员数量总和
	利税总额（亿元）	税收收入总和
	产值利税率（%）	（税收收入 / 工业销售产值）*100%
发展动能	总产值增长率（%）	[（当年产值总和 / 上一年产值总和）−1]*100%
	投资占全社会投资比重（%）	（固定资产投资量 / 全国固定资产投资量）*100%

计算评价指标体系时，本书首先采用了标准化量纲，避免了因计量单位不同的问题。其次，选取因子分析法对各级指标赋权。最后，运用区位熵的方法，计算出 2006—2019 年生产性服务业与制造业发展水平 p_q^t、p_i^t。

第二，本书运用容量系数耦合模型（Valerie，1996），测算生产性服务业与制造业服务化的耦合协同度。耦合度计算公式详情如下：

$$D_{qi}^t = \left(D_{qi}^t \cdot T_{qi}^t \right)^{\frac{1}{2}} \tag{6-19}$$

$$T_{qi}^t = \left(a p_q^t + \beta p_i^t \right) \tag{6-20}$$

公式（6-19）与公式（6-20）中，D_{qi}^t 表示第 t 年的生产性服务业与制造业第 i 项的耦合协调度。T_{qi}^t 表示生产性服务业与制造业在第 t 年的协同效应综合评价指数。a 和 β 分别表示生产性服务业与制造业对整体系统耦合度的贡献率。参考阿罗拉和利夫斯库（Arora and Livescu，2014）与麦凯利等（Michaeli et al.，2015），本书选用典型相关性分析估计系数和，计算软件为 matlab。

本节数据来源为 2006—2019 年《中国统计年鉴》《中国工业统计年鉴》《中国金融年鉴》、Wind 数据库等。主要变量描述性统计特征如表 6-14 所示：

表 6-14　主要变量描述性统计特征

变量	均值	标准差	最小值	最大值
$E\text{-}GH$	0.7734	0.0374	0.7136	0.8199
$MIST$	0.7060	0.0950	0.5370	0.8170
CF	0.0269	0.0049	0.0202	0.0340
MC	48424.5	18788.2200	19248.2400	67405.9300
RD	50700000	28400000	18200000	98400000
RP	1.5597	0.1934	1.2262	1.7566
HR	0.0925	0.0248	0.0622	0.1333

6.4.3 实证结果分析

为避免伪回归问题，对本节主要变量做平稳性检验。检验结果如表 6-15 所示，表明各主要变量均同阶单整，可以直接进行模型估计。

表 6-15　各变量单位根检验结果

变量	$E\text{-}GH$	$MIST$	CF	MC	RD	RP	HR	CA
Z 值	3.217	−2.647	−2.564	−2.637	1.124	2.284	0.147	−1.472
P 值	0.0812	0.0836	0.0907	0.0856	0.0991	0.0467	0.0538	0.0923

中介效应最终估计结果如表 6-16 所示，自变量 $E\text{-}GH$ 的影响系数为 27.2877，且在 5% 的置信水平下显著，表明自变量 $E\text{-}GH$ 对中介变量具有较强的正向促进作用，佐证了生产性服务业的集聚产生集聚外部性经济效应，促进生产性服务业的发展水平，为生产性服务业与制造业带来更多的融合动力、路径，提供了更多的平台与便利条件，进而增强了生产性服务业与制造业的耦合协调的理论猜想。

中介变量 CF 对因变量 MIS 的影响系数为 0.1749，但不具有显著性。因此，参照中介效应检验流程，当 a_1、δ_1 中只有一个显著时，需要做 sobel 检验。如表 6-16 所示，中介效应为 0.3318，且在 5% 的置信水平下显著，表明生产性服务业集聚能够通过生产性服务业与制造业服务化耦合协调对制造业服务化产生正向的影响。

表 6-16　生产性服务业与制造业耦合协调度中介效应结果

变量	（1）	（2）	（3）
CF		0.1749 （0.1692）	0.0342** （0.1710）
$E\text{-}GH$	27.2877** （9.3431）		−6.1697 （5.4230）

变量	（1）	（2）	（3）
MC	0.0004** （0.0001）	0.0002* （0.0002）	0.0001** （0.0008）
RD	0.0003* （0.0001）	0.0005 （0.0007）	0.0001** （0.0006）
RP	0.1528* （0.0955）	−0.0087 （0.0355）	−0.0473 （0.0385）
HR	0.0547 （1.6407）	−1.2192 （0.9425）	−1.3255*** （0.4946）
CA	−3.0566* （1.2923）	−1.0300 （0.6690）	−0.4068 （0.6476）
_cons	1.0613* （0.4597）	1.1245** （0.3221）	0.9487*** （0.2268）
R^2	0.9904	0.9795	0.9300
$\beta = \gamma + a \times \delta = 0.3318$			

注：*、**、*** 分别表示在 10%、5%、1% 的置信水平下显著。

因为生产性服务业集聚与"两业"耦合存在相关性，所以中介变量 CF 与自变量 E-GH 存在共线性及内生性问题。为解决该问题，本节选取工具变量加入模型进行重新估计。由于第三产业营业收入（SYL）能够影响自变量 E-GH 的发展，且与"两业"融合没有较强相关性，符合工具变量的选取标准，本书选其作为工具变量。工具变量计算公式与数据来源同第五章相同，故不再赘述。

内生检验估计结果如表 6-17 所示，生产性服务业与制造业耦合协调对生产性服务业集聚促进制造业服务化具有中介效应，生产性服务业集聚能促进生产性服务业与制造业服务化耦合，生产性服务业与制造业服务化耦合能促进制造业服务化发展，模型估计结果与本节核心结论相同，证明了结论的合理性。

表 6-17 生产性服务业与制造业耦合协调度中介效应结果——内生性检验

变量	（1）	（2）	（3）
CF		0.1684 （0.2108）	−0.6034*** (0.2311)
E-GH	0.9244** (0.1816)		0.7998*** (0.2410)
RD	−0.0008** (0.0003)	0.0008 (0.0002)	0.0006*** (0.0002)
MC	0.0009 (0.0001)	0.0002* (0.0002)	0.0001*** (0.0005)
HR	4.0239* (1.8433)	−1.4113 (1.7430)	−3.9062 (1.1548)
CA	−3.1684** (0.8198)	−1.0230* (0.8164)	1.1713 (0.8126)
RP	0.2048* (0.0705)	−0.0121 (0.0491)	0.1497** (0.0549)
SYL	0.0006* (0.0003)	−0.0004 (0.0002)	0.0005* (0.0002)
_cons	4.7427** (0.7576)	1.1582* (0.4550)	−1.9758** (1.1711)
R^2	0.9975	0.9797	0.9874
$\beta = \gamma + a \times \delta = 0.9554$			

注：*、**、*** 分别表示在 10%、5%、1% 的置信水平下显著。

6.5 本章小结

本章验证了生产性服务业通过产业集聚的直接效应与产业关联的间接效应影响制造业产品服务化、业务服务化与行业服务化的机理和路径。

本章第一节第一部分将生产性服务集聚的 MAR 外部性经济效应作为中

介变量，对生产性服务业集聚促进制造业服务化的中介效应进行检验。检验结果得出：第一，生产性服务业集聚对集聚的 MAR 外部性经济效应具有促进作用；第二，集聚的 MAR 外部性经济效应能促进制造业服务化的发展；第三，生产性服务业集聚通过 MAR 外部性经济效应能促进制造业服务化的发展。因此，应当进一步推动生产性服务业集聚，发挥生产性服务业集聚的 MAR 外部性经济效应，进而促进制造业服务化。

本章第一节第二部分将生产性服务业集聚的 JACOBS 外部性经济效应作为中介变量，对生产性服务业集聚促进制造业服务化的中介效应进行检验。检验结果得出：第一，生产性服务业集聚对集聚的 JACOBS 外部性经济效应具有弱促进作用；第二，集聚的 JACOBS 外部性经济效应的增加会促进制造业服务化水平提升；第三，在中介变量的影响下，生产性服务业集聚仍会促进制造业服务化的发展，且集聚的 JACOBS 外部性经济效应会提升生产性服务业集聚对制造业服务化的促进作用。因此，我们在生产性服务业集聚促进制造业发展的过程中，应当重视生产性服务业集聚的 JACOBS 外部性经济效应的发挥，优化生产性服务业集聚的 JACOBS 外部性经济效应对制造业产业链完善与价值链增值的功能，最终增强生产性服务业集聚对制造业服务化的提升效率。

本章第一节第三部分将生产性服务业集聚的 PORTER 外部性经济效应作为中介变量，对生产性服务业集聚促进制造业服务化的中介效应进行检验。检验结果得出：第一，生产性服务业集聚能提升生产性服务业集聚的 PORTER 外部性经济效应；第二，生产性服务业集聚的 PORTER 外部性经济效应能促进制造业服务化的发展；第三，中介变量生产性服务业集聚的 PORTER 外部性会能显著提升生产性服务业集聚对制造业服务化的促进作用。这主要是因为生产性服务业集聚的 PORTER 外部性经济效应产生良性竞争，保持了市场的活力，提高了生产性服务业的生产效率，进而为制造业提供了成本剩余，促进制造业服务化升级。

本章第二节通过生产性服务业与制造业耦合协调，对生产性服务业促进制造业服务化的中介效应进行检验。检验结果表明：第一，生产性服务业集聚会促进生产性服务业与制造业服务化的耦合协调；第二，生产性服务业与制造业的耦合协同会促进制造业服务化水平的提升；第三，生产性服务业集聚能够通过生产性服务业与制造业服务化耦合协同，对制造业服务化产生正向的中介效应。因此，在推动生产性服务业集聚促进制造业服务化的过程中，我们要考虑将生产性服务业与制造业耦合协调作为主要路径的重要性，从生产性服务业集聚与制造业服务化两个方面，增强与中介变量的互动效应，进而增强生产性服务业集聚对制造业服务化的促进作用。

生产性服务业集聚对制造业服务化的影响研究

SHENGCHANXING FUWUYE JIJU

DUI ZHIZAOYE FUWUHUA DE

YINGXIANG YANJIU

第七章 生产性服务业集聚影响制造业服务化的异质性分析

　　本书第五章、第六章通过经济效用的实证分析，发现生产性服务业集聚对制造业服务化具有促进作用，并从集聚的外部性经济效应与产业关联效应两个层面推动制造业服务化转型。结合第二章与第三章对生产性服务业影响制造业服务化的文献与理论，进一步发现由于受到不同行业与不同企业性质的影响，生产性服务业集聚对制造业服务化的影响方向与程度可能发生改变，这对我们运用生产性服务业集聚促进制造业服务化具有重要意义。因此，本章主要从行业、企业性质两个层面对生产性服务业集聚影响制造业服务化的经济效应进行了异质性分析，以期为我国推进生产性服务业集聚促进制造业服务化发展提供更切实的理论与经验参考。

7.1 异质性分析 I：行业异质性
（生产性服务业）

　　行业异质性是指企业归属的行业由于其统计分类、行业生产方式、特征、面临的外部环境以及发展前景的差异化导致的行业生产率的差异。生产性服务业包含 7 个不同的细分行业，不同行业的主要服务对象及自身发展特征具有差异性，产业集聚的经济效应也可能受到行业差异而产生变化。这种变化是否会对生产性服务业集聚影响制造业服务化产生影响？为探究这一问题，本书分析了不同的生产性服务业行业集聚对制造业服务化的影响差异性。

7.1.1 模型构建

本节仅考虑生产性服务业集聚的经济效应的影响，按行业划分的行业异质性模型构建如下：

$$MIS_{ct} = a_0 + a_1E - G_{ct} + \beta_1 X_{ct} + C_t + \mu_t \qquad （7-1）$$

其中，c 为 1-7，分别表示交通仓储邮电业、信息传输与计算机服务和软件业、批发零售贸易业、金融业、房地产业、租赁和商业服务业、科研与技术服务和地质勘探业。t 表示年份，MIS_{ct} 表示 t 年各区域的制造业服务化指数。G_{ct} 表示 t 年各区域的生产性服务业集聚指标。C_t 为时间固定效应，X_{ct} 为能够体现区域特征的控制变量。

7.1.2 指标设定与数据选取

7.1.2.1 指标设定

本节因变量制造业服务化方法与第五章一致，仅统计区域变更为国家，即测算 2006—2018 年中国制造业服务化水平。交通仓储邮电业、信息传输与计算机服务和软件业、批发零售贸易业、金融业、房地产业、租赁和商业服务业、科研与技术服务和地质勘探业 7 个行业的集聚计算方法同第三章一致，选取 E-G 指数测算，因此不在此赘述。控制变量包括：制造业经营规模（MC）、相对生产率（RP）、信息化水平（LOI），服务可获得性指数（SLA）、资本分配（CA）都与第四章第一节的指标计算方式相同，仅统计范围变更为国家，其中信息化水平与服务可获得性分别取对数。

7.1.2.2 数据选取

本节数据来源与第五章相同，不再赘述。本节最终数据描述性统计与稳定性检验如表 7-1 所示，主要变量均同阶单整，能够直接进行模型估计。

表 7-1 数据描述性统计与稳定性检验结果

变量	均值	标准差	最小值	最大值	ADF 检验
$E-G1$	0.004	0.010	−0.010	0.016	−2.448**
$E-G2$	−0.050	0.010	−0.070	−0.035	−1.187*
$E-G3$	−0.105	0.051	−0.216	−0.038	−2.983***
$E-G4$	0.726	0.039	0.658	0.782	−3.919***
$E-G5$	0.716	0.067	0.615	0.793	−2.395**
$E-G6$	0.492	0.015	0.4709	0.517	−2.070**
$E-G7$	0.422	0.012	0.402	0.444	−6.699***
$MISA$	0.419	0.012	0.403	0.440	−1.914**
MC	53387.3900	18889.6300	19248.2400	73739.0600	−2.187**
RP	1.4393	0.2924	0.8415	1.7566	0.046*
$lnLOI$	10.1897	0.8710	8.7370	11.3423	−2.046**
$lnSLA$	0.3811	0.1522	0.1890	0.7160	0.540*
CA	1562.508	845.0723	395.600	2929.500	−1.254*

注：*、**、*** 分别表示在 10%、5%、1% 的置信水平下显著。

7.1.3 实证结果分析

首先，对模型进行了杜宾 - 瓦特森（DW）检验，看模型数据是否具有自相关，检验结果表明除交通仓储邮电业与租赁和商业服务业不存在自相关外，其他 5 个行业数据都存在自相关问题，因此本书采用 FGLS 模型估计存在自相关的模型参数，从而解决模型的自相关问题。其次，进一步进行怀特（White）检验，判断模型是否具有异方差，结果如表 7-2 所示，7 个行业的模型数据 P 值均大于 0.1，接受原假设，表明模型不存在异方差问题，能够满足模型的基本假定。

表7-2　各行业怀特检验结果

E-G1		E-G2		E-G3		E-G4		E-G5		E-G6		E-G7	
chi2	P	chi2	P	chi2	P	chi2	P	chi2	P	chi2	P	chi2	P
23.38	0.32	21.90	0.35	20.59	0.42	21.63	0.36	20.56	0.42	18.47	0.56	22.55	0.31

注：E-G1—E-G7分别代表交通仓储邮电业、信息传输与计算机服务和软件业、批发零售贸易业、金融业、房地产业、租赁和商业服务业、科研与技术服务和地质勘探业。

最后，根据回归结果（表7-3），笔者发现：

表7-3　行业异质性生产性服务业集聚对制造业服务化的影响结果

变量	（1）	（2）	（3）	（4）	（5）	（6）	（7）
E-G	0.0028	−0.0016	0.0023*	0.0017***	0.0002***	0.0036***	0.0011
	(0.7533)	(0.0014)	(0.0017)	(0.0009)	(0.0001)	(0.0003)	(0.0043)
MC	0.0002**	0.0003***	0.0002***	0.0002***	0.0002***	0.0002***	0.0002***
	(0.0006)	(0.0005)	(0.0003)	(0.0001)	(0.0002)	(0.0001)	(0.0004)
RP	0.0022	−0.0265	−0.0098	−0.0133**	−0.0243*	−0.0366***	−0.0007
	(0.0295)	(0.0254)	(0.0273)	(0.0089)	(0.1256)	(0.0095)	(0.0278)
lnLOI	−0.0384*	−0.0661*	−0.049*	−0.0547**	−0.0575*	−0.0692***	−0.0381*
	(0.0225)	(0.0363)	(0.0257)	(0.0077)	(0.0102)	(0.0067)	(0.0221)
lnSLA	0.1164*	0.1435*	0.1239*	0.1208**	0.1161***	0.1389***	0.1131*
	(0.0533)	(0.0864)	(0.0712)	(0.0151)	(0.0192)	(0.0129)	(0.0526)
CA	1.0555**	1.7021*	1.2502**	0.9777*	1.0337***	1.2428***	1.0559**
	(0.3636)	(0.7716)	(0.3831)	(0.0832)	(0.1121)	(0.0810)	(0.3671)
_cons	0.6308**	0.5807**	0.6468**	0.8387*	0.8276***	0.8679***	0.6265**
	(0.1893)	(0.1882)	(0.1728)	(0.0671)	(0.0769)	(0.0432)	(0.1800)
F统计量	79.47***	259.02***	121.43***	4139.98***	2560.14***	123.41***	86.21***
R^2	0.9935	0.9989	0.9989	0.9988	0.9999	0.9998	0.9942

注：*、**、***分别表示在10%、5%、1%的置信水平下显著，括号内为参数估计的标准误。

第一，变量E-G1对变量MISA的影响系数为0.0028，但不显著，表明交通仓储邮电业集聚对制造业服务化发展可能具有微弱的正向影响。理论上，交通仓储邮电业分布越广泛、越分散，越有利于商业活动与货物贸易的发展。目前，我国制造业以基础制造为主，对交通仓储邮电业的需求倾向于外向输出，所以交通仓储邮电业分布越分散，越有利于制造业的发展，为制造业服务化打下基础。

第二，变量 $E\text{-}G2$ 对变量 $MISA$ 的影响系数为 -0.0016，但不显著，表明信息传输与计算机服务和软件业集聚对制造业服务化发展具有微弱的抑制作用。这主要是由于该行业的行业特征与我国制造业现阶段的发展需求造成的。一方面，信息传输与计算机服务和软件业属于信息流的重要领域，是帮助制造业对外经营的重要路径。该类产业的空间集聚能够缩减生产性服务业半径（Pinch and Henry，1999），降低生产性服务业集聚对制造业的促进作用。另一方面，我国制造业尚未实现服务化升级，仍处于传统贸易的发展阶段，因此对信息传输与计算机服务和软件业的依赖性较小，受到的影响也相对不明显。

第三，变量 $E\text{-}G3$ 对变量 $MISA$ 的影响系数为 0.0023，且在 10% 的置信水平下显著，表明批发零售贸易业集聚促进了制造业服务化发展。理论上，相对集中的批发与贸易业会形成规模效应，进一步扩大消费市场从而令制造业生产者获得更多的发展空间，对制造业服务化具有促进作用。然而，目前我国制造业服务化整体水平较低，在整个工业经济没有实现完全工业化阶段下，制造业服务化对批发和零售的依赖程度不高。因此，该阶段批发零售贸易业的集聚还不会对制造业服务化带来显著的提升作用。

第四，变量 $E\text{-}G4$ 对变量 $MISA$ 的影响系数为 0.0017，且在 1% 的置信水平下显著，表明金融业集聚会促进制造业服务化的发展。目前我国已进入工业化的后期阶段，制造业生产已逐步体现出知识密集与技术密集的行业特征，对生产前期、中期与后期中间投入的生产性服务业有更广泛的需求。金融业作为横跨制造业生产多个生产环节的服务行业，其集聚会为制造业服务化注入更多的资本要素，降低制造业服务化的资金链风险。此外，金融业的集聚会为制造业服务化带来更多投资与理财机会，丰富制造业服务化渠道，推动制造业服务化战略开展。

第五，变量 $E\text{-}G5$ 对变量 $MISA$ 的影响系数为 0.0002，且在 1% 的置信水平下显著，表明房地产业集聚促进制造业服务化的发展。房地产业的集聚能够容纳更多的劳动力，带动当地经济的发展，为制造业服务化转型提供经济基础。此外，房地产业集聚能够吸引并容纳更多人才，为制造业服务化提供更高的人力资源服务水平，降低其服务化管理成本，促进制造业整体服务化发展。

第六，变量 $E-G6$ 对变量 $MISA$ 的影响系数为 0.0036，且在 1% 的置信水平下显著，表明租赁和商业服务业的集聚会促进制造业服务化发展。这主要是租赁与商业服务业集聚对制造业形成的开源与节流双方面效应，会加快制造业服务化的进程。一方面，租赁与商业服务业的集聚会促进租赁与商业服务化的发展，为制造业服务化提供良好的基础；另一方面，租赁与商业服务业集聚带来的集聚效应，令制造业可以通过服务外包等方式，降低服务化成本。

第七，变量 $E-G7$ 对变量 $MISA$ 的影响系数为 0.0011，但不显著，表明科研与技术服务和地质勘探业集聚可能促进制造业服务化的发展。造成这一现象的主要原因在于科研与技术服务和地质勘探业仍处于较低的集聚水平。产业集聚水平低，会抑制集聚的外部性经济效应。与此同时，较低的制造业服务化水平下制造业服务化发展对科研与技术服务和地质勘探业的整体依赖度较低，因此科研与技术服务和地质勘探业对制造业服务化的推动作用不显著。

综上，生产性服务业集聚对制造业服务化的影响受到行业异质性的限制，不同生产性服务业行业的集聚对制造业服务化的影响程度、方向均不相同。从影响程度上看，影响程度最深的是租赁和商业服务业，表明其与制造业服务化的关系最为密切。影响程度最低的是房地产业，表明与其他生产性服务业相比，制造业服务化对房地产业集聚的依赖程度较低。从影响方向上看，大多数生产性服务业细分行业的集聚会促进制造业服务化的发展，仅信息传输与计算机服务和软件业对制造业服务化具有微弱的抑制作用。

7.2 异质性分析 II：行业异质性（制造业）

本书进一步从制造业的视角，以两种制造业行业划分方式研究生产性服务业集聚影响制造业服务化的行业异质性。第一种方法，按照三大制造业分类，将制造业分为轻纺工业制造、资源加工制造业与机械电子制造业三类[①]；第二种方法，本书按照《高技术产业（制造业）分类（2017）》将制造业划分为高新技术制造业与一般制造业两类；第三种方法，本书按照传统的制造业按行业分类，将制造业划分为轻纺工业、资源加工业与机械和电子制造业三类。

7.2.1 模型构建

本节仅考虑制造业行业受生产性服务业集聚经济效应的影响，按制造业行业划分的行业异质性模型构建如下：

$$MIS_{bt} = a_0 + a_1 E - G_{bt} + \beta_1 X_{bt} + C_t + \mu_t \qquad (7-2)$$

其中，b 为 1–6，分别表示高新技术制造业、一般制造业、轻纺工业制造业、资源加工制造业、机械和电子制造业。t 表示年份，MIS_{bt} 表示 t 年各区域的制造业服务化指数。G_{bt} 表示 t 年各区域的生产性服务业集聚指标。C_t 为时间固定效应，X_{bt} 为能够体现区域特征的控制变量。

7.2.2 指标设定与数据选取

7.2.2.1 指标设定

本节自变量制造业服务化方法与第五章一致，即测算 2006—2018 年生产性服务业集聚水平。制造业 28 个行业的服务化计算方法同第三章一致，

[①] 轻纺工业制造业：纺织服装、服饰业，纺织业，家具制造业，酒、饮料和精制茶制造业，木材加工及木、竹、藤、棕、草制品业，农副食品加工业，皮革、毛皮、羽毛及其制品和制鞋业，食品制造业，文教、工美、体育和娱乐用品制造业，印刷和记录媒介复制业，造纸及纸制品业；资源加工制造业：废弃资源综合利用业，黑色金属冶炼及压延加工业，化学纤维制造业，化学原料及化学制品制造业，石油加工、炼焦及核燃料加工业，橡胶和塑料制品业医药制造业，有色金属冶炼及压延加工业；机械电子制造业：电气机械及器材制造业，计算机、通信和其他电子设备制造业，其他制造业，汽车制造业，铁路、船舶、航空航天和其他运输设备制造业，仪器仪表制造业，专用设备制造业等。

选取人工甄别法测算制造业服务化水平，故不在此赘述。控制变量包括：制造业经营规模（*MC*）、相对生产率（*RP*）、信息化水平（*LOI*），服务可获得性指数（*SLA*）、资本分配（*CA*）都与第四章第一节的指标计算方式相同，仅统计范围变更为国家，其中信息化水平与服务可获得性分别取对数。

7.2.2.2 数据选取

本节数据来源同上节相同，不再赘述。本节最终数据描述性统计与稳定性检验如表7-4所示，主要变量均同阶单整，能够直接进行模型估计。

表7-4 数据描述性统计与稳定性检验结果

变量	均值	标准差	最小值	最大值	H-T 检验
E-G	−0.39	0.57	−5.27	0.54	−6.795***
*MIS*1	0.90	0.19	0.00	1.00	−6.675***
*MIS*2	0.90	0.11	0.43	1.00	−1.019*
*MIS*3	0.94	0.08	0.63	1.00	−2.109**
GX	0.93	0.15	0.00	1.00	0.359***
NGX	0.92	0.08	0.69	1.00	0.568*
MC	53387.39	18889.63	19248.24	73739.06	−2.187**
RP	1.44	0.29	0.84	1.75	0.046*
lnLOI	10.19	0.87	8.74	11.34	−2.046**
lnSLA	0.3811	0.1522	0.1890	0.72	0.540*
CA	1562.51	845.07	395.60	2929.50	−1.254*

注：*、**、*** 分别表示在10%、5%、1%的置信水平下显著。

7.2.3 实证结果分析

首先，对模型进行了LM检验，看模型数据是否具有自相关。检验结果表明：第一类轻纺工业制造业 *P* 值大于0.1，拒绝原假设，不存在自相关外；第二类资源加工制造业、第三类机械电子制造业、高新技术制造业与非高新技术制造业行业均存在自相关问题。其次，进一步进行怀特（White）检验，判断模型是否具有异方差。检验结果如表7-5所示，5个行业分类中4个模型数据P值大于0.1，接受原假设，表明模型存在异方差问题。因此本书采用引入异方差—自相关一致性的FGLS模型估计存在自相关的模型参数，从而解决模型的自相关问题能够满足模型的基本假定。

表7-5 各行业怀特检验结果

MIS1		MIS2		MIS3		GX		NGX	
chi2	P	chi2	P	chi2	P	chi2	P	chi2	P
98.89	0.00	102.59	0.00	108.45	0.00	93.58	0.00	166.36	0.00

注：MIS1、MIS2、MIS3、GX、NGX 分别代表轻纺工业制造业、资源加工制造业、机械和电子制造业、高新技术制造业与非高新技术制造业。

最终，根据回归结果（表7-6），笔者发现：

表7-6 行业异质性生产性服务业集聚对制造业服务化的影响结果

变量	（1）	（2）	（3）	（4）	（5）
E–G	0.3257**	0.1580*	0.1791**	1.0647***	0.1674**
	（0.1436）	（0.0861）	（0.0779）	（0.4060）	（0.0754）
MC	0.0174	0.0084	−0.0016	0.0364	0.0057
	（0.0176）	（0.0107）	（0.0073）	（0.0488）	（0.0087）
RP	0.0005	0.0015	−0.0076	−0.0138	−0.0052
	（0.0212）	（0.0094）	（0.0057）	（0.0431）	（0.0061）
lnLOI	−0.0892**	−0.0546***	−0.0355*	−0.2304**	−0.0512***
	（0.0360）	（0.0210）	（0.0182）	（0.0963）	（0.0178）
lnSLA	0.0042***	0.0035***	0.0013**	0.0073**	0.0028***
	（0.0014）	（0.0008）	（0.0006）	（0.0036）	（0.0006）
CA	0.9440***	0.6050***	0.3472*	2.4289***	0.4783***
	（0.3264）	（0.2033）	（0.1697）	（0.9488）	（0.1670）
_cons	0.8430***	0.8164	1.0257***	1.0541**	0.9368***
	（0.2269）	（0.1337）	（0.1002）	（0.5331）	（0.1018）
Wald 统计量	14.66***	31.77***	8.24**	9.63**	23.46***
R^2	0.2361	0.1355	0.1013	0.5557	0.1037

注：*、**、*** 分别表示在10%、5%、1%的置信水平下显著，括号内为参数估计的标准误。

第一，变量 E-G 对变量 MIS1 的影响系数为 0.3257，且在 5% 的置信水平下显著，表明生产性服务业集聚对轻纺工业制造业服务化发展具有较强的正向影响。一是生产性服务业集聚能够促进轻纺工业制造业的产业链优化升级。生产性服务业集聚可以向轻纺工业制造业提供更加高效、专业的服务，帮助轻纺工业制造业提升产业链竞争力。例如，在生产性服务业集聚下，物流、仓储、设计、研发、市场营销等一系列专业服务得到优化，可以帮助轻纺工业制造业企业降低成本、提高品质和效率。二是生产性服务业集聚促进轻纺工业技术创新。生产性服务业集聚有利于技术创新的形成和传递。在生产性服务业集聚下，服务企业自身积累了丰富的经验和技术，并且与制造业企业形成了紧密的合作关系，能够更好地把握市场需求和技术发展趋势，为轻纺工业制造业的服务化发展提供有力支持。三是生产性服务业集聚提高了轻纺工业制造业的专业化分工水平。生产性服务业集聚可以推动轻纺工业制造业产业链上的分工合作，形成专业化的合作网络。制造企业可以将非核心的服务环节交给专业的服务企业去完成，从而更专注于核心的制造业务，提高生产效率和产品质量，促进产业服务化转型升级。四是生产性服务业集聚可以吸引更多的专业人才聚集在一起，形成知识和技能的集聚效应。这些专业人才能够为轻纺工业制造业提供更加高质量的服务和支持，推动服务化发展的深入。

第二，变量 $E\text{-}G$ 对变量 $MIS2$ 的影响系数为 0.1580，且在 10% 的置信水平下显著，表明生产性服务业集聚对资源加工制造业服务化发展具有显著的促进作用。这主要是由于生产性服务业集聚产生的正外部性效应。集聚下的技术溢出与资源共享等正外部性效应进一步满足了资源加工制造业服务化发展的需求，推动资源加工制造业向服务化转型，提升了其竞争力和可持续发展能力。一是创新支持，集聚的服务企业通常拥有丰富的经验和专业知识，在技术创新和产品开发方面具有竞争优势。生产性服务业集聚通过优化生产性服务业与资源加工制造业的合作，可以共同推动创新进程，提高产品质量和降低生产成本。二是优化供应链，生产性服务业集聚能够优化资源加工制造业的供应链管理。例如，物流服务企业的集聚可以提供更高效、可靠的物流配送，减少供应链中的时间和成本浪费。同时，仓储和运输服务也可以为资源加工制造业提供及时的物资供应和物流支持，提高整体供应链的效率和可靠性。三是人才集聚，生产性服务业集聚可以吸引更多的专业人才聚集在一起，为资源加工制造业提供高质量的服务和支持，还能够通过知识和经验的共享，提供创新和解决问题的思路，推动资源加工制造业的服务化转型和发展。四是专业分工与协同效应，生产性服务业集聚的企业往往具有专业分工的优势，能够提供资源加工制造业所需的各类专业服务，如设计、工程咨询、质量检测等。这样的分工合作有助于提高资源加工制造业的生产效率和产品质量，实现资源的优化配置和协同效应，助益资源加工制造业释放更多资源进行服务化转型升级。

第三，变量 E-G 对变量 MIS3 的影响系数为 0.1791，且在 5% 的置信水平下显著，表明生产性服务业集聚促进了机械和电子制造业服务化发展。从理论上看，一是生产性服务业集聚满足机械和电子制造业的技术复杂性和专业服务需求。机械和电子制造业的产品和技术通常较为复杂，需要高度专业化和定制化的服务支持。生产性服务业集聚，能够为机械和电子制造业提供丰富的专业知识和技能，例如，专业的设计、工程咨询、测试和验证、质量控制等服务。这些专业服务能够满足制造业的特定需求，提高产品的竞争力和品质。二是生产性服务业集聚为机械和电子制造业提供了高度关联的供应链网络。机械和电子制造业通常涉及多个环节的供应链，包括器件供应商、原材料提供商、制造商等。生产性服务业集聚可以优化供应链的管理。例如，设计、咨询和物流服务企业的集聚可以实现供应链中不同环节之间的紧密协作和协同管理，提高供应链效率和响应能力。三是生产性服务业集聚促进机械和电子制造业服务创新和附加值提升。目前，机械和电子制造业的发展越来越注重服务创新和附加值提升。生产性服务业集聚为企业提供了创新支持和附加值服务的机会。例如，生产性服务业通过与软件开发和信息技术服务企业的合作实现产品的智能化和数字化转型，令机械和电子制造业能够提供更加智能、便捷、个性化的解决方案，增强行业服务化产品的市场竞争力。四是生产性服务业集聚推动电子与信息制造业人才培养与技术交流。机械和电子制造业需要高素质的人才支持，包括工程师、技术专家等。生产性服务业集聚促进人才的交流与合作，互相学习和创新，加速技术进步和产业升级。

第四，变量 E-G 对变量 GX 的影响系数为 1.0647，且在 1% 的置信水平下显著，表明生产性服务业集聚会促进高新技术制造业服务化的发展。从理论上看，一是生产性服务业集聚能够向高新技术制造业提供专业化的技术供给。高新技术制造业通常具有高度专业化的技术需求，涉及前沿科技、复杂工艺和高精度制造等方面。生产性服务业集聚提供了丰富的专业知识和技能，能够为高新技术制造企业提供专业的工程设计、技术咨询、制造工艺改进、质量控制等服务。这些专业服务能够满足高新技术制造业的特定需求，提高产品的技术含量和质量。二是生产性服务业集聚向高新技术制造业提供更优的创新和研发支持。高新技术制造业需要不断进行创新和研发，以保持竞争优势。生产性服务业集聚可以提供创新和研发支持的平台。例如，高新技术制造业与专业的设计、研发、测试验证等服务企业的合作，可以共享创新资源、专业知识和技术设备，加速产品创新和技术升级。三是生产性服务业集聚向高新技术制造业提供更多的资金与投融资服务。高新技术制造业通常需要大量的资金用于研发、设备采购和产业化等方面。生产性服务业集聚可以提供投融资服务和金融支持的机会。集聚的金融机构、投资机构等可以为高新技术制造企业提供资金支持、融资渠道，促进企业的发展和扩大。四是生产性服务业集聚为高新技术制造业提供更多人才培养和技术交流资源。高新技术制造业需要具备高素质的人才支持，包括研发人员、工程师、技术专家等。生产性服务业集聚为高新技术制造企业提供了人才培养和技术交流的机会。例如，集聚的研发机构、技术中心等可以为企业提供培训和人才交流平台，促进人才的互相学习和技术交流，加速技术创新和产业发展。

第五，变量 E–G 对变量 NGX 的影响系数为 0.1674，且在 5% 的置信水平下显著，表明生产性服务业集聚促进非高新技术制造业服务化的发展。非高新技术制造业具有技术水平相对较低、以低附加值产品为主、劳动密集和管理模式传统等特征，主要通过服务增值、转型升级、产业链协同、创新驱动来进行服务化转型升级。从理论上看，一是生产性服务业集聚能够增强非高新技术制造业产业链协同发展，促进其服务化升级。生产性服务业能够向非高新技术制造业提供专业的技术研发、生产管理、供应链管理等服务，使行业在生产过程中更加高效地运作，促进生产性服务业与制造业的协同发展，进而推动制造业从传统的产品生产向服务提供的转型。二是生产性服务业集聚提升非高新技术制造业附加值，助益行业服务化升级。生产性服务业的集聚可以为非高新技术制造业企业提供增值服务，使其产品更具竞争力。生产性服务业集聚提升行业技术升级服务、培训与咨询服务、维修与售后服务等供给质量，帮助非高新技术制造业提升产品的品质、功能和附加值，使其能够满足不断变化的市场需求。三是生产性服务业集聚推动非高新技术制造业促进产业转型升级，加快其服务化进程。非高新技术制造业面临传统产业升级和转型的挑战，而生产性服务业的集聚可以为其提供技术支持和相关配套服务，促进企业的创新能力和竞争力，推动整个产业向服务化转型升级。

综上，生产性服务业集聚对制造业服务化的影响受到行业异质性的限制，不同生产性服务业行业的集聚对制造业服务化的影响程度均不相同。从制造业产业分类看，受生产性服务业集聚影响程度最深的是轻纺工业制造业，表明其与制造业服务化的关系最为密切。影响程度最低的是资源加工制造业，表明与其他制造业相比，资源加工制造业服务化对生产性集聚的依赖性较低。从制造业高新技术与非高新技术分类看，生产性服务业集聚对高新技术制造业的影响程度明显大于对非高新技术产业，这主要是由于高新技术制造业与非高新技术制造业服务化需求不同。一是高新技术制造业的技术密集度更高，创新驱动需求强烈，对生产性服务业集聚提供的技术创新正外部性匹配度更高。二是高新技术制造业产业链延伸度强，生产性服务业的集聚可以提供针对性的研发合作、设计支持和市场推广等服务，推动产业链上下游的紧密协作和价值协同。三是高新技术制造业国际竞争压力大，其自身服务化需求较高，生产性服务业集聚推动高新技术制造业服务化的效率更高。

7.3 异质性分析 Ⅲ：企业异质性

企业异质性通常被认为是由于企业的规模、运营时间、资本结构、资源密集特征、人力资本构成、所有制、企业组织运营方式、主要核心技术实施等方面的差异性导致的企业生产率的差异。其中，企业的所有权对企业的规模、建立年限、资本构成等都具有显著的影响，是造成企业异质性的重要因素。因为企业的生产率会影响企业经济活动，对企业集聚与集聚效应的发挥产生影响，所以有必要探究企业异质性下生产性服务业集聚对制造业服务化的影响是否发生变化。

通常，我们将企业划分为民营企业与国有企业两大类。不同性质的企业所具有的资源禀赋与组织运营模式对企业的生产效率具有不同的影响，具体情况如下：

（1）国有企业生产性服务业集聚对国有制造业企业服务化影响的经济效应

国有生产性服务业企业集聚较低，集聚模式受政府引导较多，集聚效应整体较低。国有生产性服务业往往具有较为固定的服务群体，因此对市场的敏感度较低，较少会为了纯粹地获得更大的收益这样的市场动机去变更企业发展的模式与所在地，所以整体上国有生产性服务业企业集聚度较低。此外，国有企业在生产过剩中不仅肩负着自主运营的责任，同时还承担国家指派的任务。自2015年我国重视引导生产性服务业发挥其集聚效应后，出现了许多由政府引导建立的生产性服务业集群，但因为其面向的市场主要是由大众消费者构成的，存在对大众消费者主导的市场敏感度低，应变能力迟缓等问题，所以对制造业服务化发展的促进作用较弱。

（2）民营企业生产性服务业集聚对民营制造业企业服务化影响的经济效用

民营生产性服务业企业，由于相对固定的生产基础，始终处在激烈的市场竞争状态下，对市场的敏感度更高，能够积极迎合制造业升级过程中服务化发展的要求，选取最优的发展战略与区位，易于形成产业集聚。此外，民营企业一般体量较小，在管理运营中执行力与决策力更强，善于管理体制机制创新，借助产业集聚能够将创新、知识与技术资本有效地注入制造业的生产过程中，较强地推动制造业服务化的发展。

7.3.1 模型构建

基于上述分析，本书构建了不考虑空间因素的回归模型，模型设定如下：

$$MIS_{fit} = a_0 + a_1 E - G_{fit} + \beta_1 X_{fit} + C_i + C_t + \mu_{it} \quad ; \quad f = （1，2） \qquad （7-5）$$

式中，f 为 1、2，分别表示国有生产性服务业企业与民营企业生产性服务业企业，i 表示省份，t 表示年份，MIS_{fit} 表示 t 年 i 省的制造业服务化指数，G_{fit} 表示 t 年 i 省的生产性服务业集聚指标，C_i 为省份固定效应，C_t 为时间固定效应，X_{fit} 为能够体现省份特征的控制变量。

7.3.2 指标设定与数据选取

7.3.2.1 指标设定

本书因变量 MIS_{fit}，使用第四章的微观企业甄别法测算，仅在计算时根据企业性质的不同对样本进行了分类，用来表示我国制造业服务化程度。

自变量 $E-G_{fit}$，使用第四章埃利森和格莱泽（Ellison and Glaeser，1997）提出的 E-G 指数测算，用来表示生产性服务业集聚的程度，并根据企业性质的不同，对样本进行了分类。本节的企业划分基于 Wind 数据库的划分标准，将企业性质划分为：地方国有、中央国有、民营、外资、集体、公共企业等。但是事实上并不是每一个省份都包括全部类型的企业，所以本节最终将企业划分为国有与民营两大类。其中，民营企业包括外资企业与第一股东为个人的集体企业与公共企业，国有企业包括中央地方国有企业、中央国有企业以及第一股东为政府的公共企业与集体企业。

控制变量选取创新水平（RD）、制造业盈利规模（MC）、相对生产率（RP）、资本分配（CA）、人力资源（HR），详细计算方法与第三章第一节一致，在此不再赘述。

7.3.2.2 数据选取

本节内容有关自变量与因变量数据来源与第五章第一节相同，Wind 数据库统计的于 2020 年 3 月前上市的生产性服务业上市企业共计 969 家，制造业上市企业共计 2313 家。由于部分企业上市日期较短，没有或不能提供完整的企业经营范围信息与财务数据，本书生产性服务业的企业进行了删减与选择，如表 7-7 所示，最终本节数据样本为删减整理后的 655 家上市生产性服务业企业与 2134 家上市制造业企业。

表7-7　企业异质性剔除数据详情报告

产业名称	企业名称	剔除原因
制造业企业	华菱星马、盛运环保、佰仁医疗、合纵科技、星网宇达、万泰生物、沃尔德、华峰测控、华锐风电、鸿远电子、交控科技、天宜上佳、北摩高科、热景生物、映翰通、八亿时空、神雾退、天茂退、卓越新能、特宝生物、福光股份、华映科技、瑞芯微、松霖科技、赛特新材、宏良股份、朝阳科技、百奥泰、锐明技术、赢合科技、光峰科技、浩洋股份、智莱科技、微芯生物、铂科新材、易天股份、松炀资源、清溢光电、豪美新材、日丰股份、科瑞技术、杰普特、通达电气、德方纳米、久量股份、祥鑫科技、紫晶存储、博杰股份、雷赛智能、华盛昌、普门科技、新产业、道通科技、小熊电器、九美股份、仙乐健康、西麦食品、沧州明珠、新诺威、中光学、飞龙股份、建龙微纳、恒星科技、金丹科技、天迈科技、风神股份、新光光电、长源东谷、兴图新科、帝尔激光、嘉必优、和远气体、力合科技、宇新股份、南新制药、金博股份、锦鸡股份、泽璟制药、华辰装备、奥特维、斯迪克、赛伍技术、硕世生物、南微医学、ST罗普、吉贝尔、神马电力、赛腾股份、京源环保、爱丽家居、聚杰微纤、天准科技、广大特材、奥赛康、锦泓集团、八方股份、中简科技、石英股份、南方轴承、联瑞新材、海能实业、耐普矿机、芯源微、威奥股份、东岳硅材、日辰股份、三达膜、西部超导、三角防务、*ST拉夏、安集科技、永冠新材、中微公司、博通集成、ST爱旭、矩子科技、聚辰股份、科博达、三友医疗、澜起科技、宏和科技、申联生物、上海瀚讯、昊海生科、英杰电气、中建环能、天味食品、德恩精工、侨源气体、金时科技、金石亚药、天箭科技、建科机械、锐新科技、赛诺医疗、*ST麦趣、震安科技、*ST中新、甬金股份、越剑智能、奥普家居、公牛集团、鸿泉物联、大胜达、东方生物、聚光科技、三美股份、柯力传感、斯达半导、双飞股份、麒盛科技、建业股份、金田铜业、运达股份、英飞特、神驰机电	信息不公开或数据信息不完全

产业名称	企业名称	剔除原因
生产性服务业	佳华科技、京沪高铁、邮储银行、乐视网、康龙化成、中科海讯、航天宏图、国联股份、拉卡拉、致远互联、中科软、瑞达期货、中国电研、华特气体、新城市、华阳国际、因赛集团、开普云、财富趋势、广电计量、电声股份、盛视科技、有方科技、深信服、和顺石油、栖霞建设、中衡设计、卓易信息、测绘股份、晶晨股份、大众公用、大众交通、乐鑫科技、锦和商业、柏楚电子、久远银海、安恒信息、虹软科技、海尔施、雪龙集团、南华期货	公司于2018年后上市，企业性质无法判断或企业数据不完全等

　　本节控制变量数据来源及处理与上节相同，因此不再赘述。主要变量的描述性统计与稳定性检验结果如表7-8所示，各主要变量均同阶单整，能够直接进行模型估计。

表7-8　主要变量数据描述性统计与稳定性检验

变量	均值	标准差	最小值	最大值	H-T检验
$E\text{-}G\text{-}G$	0.004	0.010	−0.010	0.016	0.150**
$E\text{-}G\text{-}M$	−0.050	0.010	−0.070	−0.035	0.235***
$MISG$	−0.105	0.051	−0.216	−0.038	6.683***
$MISM$	0.829	0.024	0.782	0.863	4.938***
RD	382.015	464.649	2.100	2704.700	12.915***
MC	1977.311	2024.940	−91.890	10574.400	−6.632***
CA	0.560	0.069	0.396	0.706	15.819***
HR	0.118	0.073	0.031	0.487	−4.460***
RP	0.939	0.879	0.050	5.002	5.652***

注：*、**、***分别表示在10%、5%、1%的置信水平下显著。

7.3.3 实证结果分析

与上节相同，为避免伪回归问题，首先，对模型进行了 DW 检验，检验模型数据是否具有自相关性。检验结果为两组模型的数据 DW 值均接近 2，表明不存在自相关。其次，进一步对模型数据进行了怀特（White）检验，结果如表 7-9 所示，两组模型数据 P 值为 0，强烈拒绝同方差的原假设，模型存在异方差。因此，为解决该问题，本节使用加权最小二乘法（WLS），根据信息量的大小对数据进行加权处理，从而解决异方差问题。修正后的模型解释能力更高，能够满足模型的基本假定。最后，为了确定分析模型，进一步进行了 LM 检验，检验结果 P 值小于 0.01，表明存在随机效应，即"随机效应"与"固定效应"模型优于"混合回归"模型。随后，对两个数据组分别做 Hausman 检验，检验结果 P 值为 0.5504、0.9553 均大于 0.1，表明应选择"随机效应"模型。但是，为了更好地对比分析，本节汇报了其他相关模型的回归结果作为对照组。

表 7-9　怀特检验结果

国有企业		民营企业	
chi2	P	chi2	P
174.14	0.00	107.29	0.00

从企业异质性生产性服务业集聚对制造业服务化影响的回归结果来看，如表 7-10 所示，可以发现：

第一，总体上看，任意模型中变量 $E\text{-}G\text{-}G$ 对变量 $MISG$ 的系数都为负，表明国有企业生产性服务业集聚会微弱地抑制制造业服务化。这主要是由两方面原因造成的：一是国有生产性服务业企业对制造业服务发展产生竞争、替代等抑制作用。因为国有生产性服务业企业更倾向于向制造业提供生产服务，所以集聚下的国有生产性服务业企业会促进制造业效率的提升，进一步增加制造业不改变的动机，抑制制造业服务化发展。二是国有制造业企业服务化水平较低，服务化意识较弱，对生产性服务业需求整体偏低。

国有制造业企业受到中央或当地政府的直接管理，能够便利地得到许多稳定的销售来源，同时也享有更多的政策便利，面对市场的竞争服务化意识较弱。与此同时，国有制造业企业服务化环境受到的规制较多，国有制造业企业在制定政策发展上受到上级的统筹管理较多，因此在企业发展规划上较为烦琐，不能灵活应对市场变化，制造业服务化战略发展缓慢。

第二，变量 E-G-M 对变量 MISM 的影响系数为 0.0003，在 10% 的置信水平下显著，表明民营生产性服务业集聚会促进民营制造业企业服务化。一方面，民营生产性服务业个体运营相较于国有企业更为灵活，能够根据自身需要及时进行资源整合与战略变更。当企业意识到产业集聚的发展能够帮助产业减少成本拓展市场，企业会选择集聚并迅速实施。所以民营生产性服务业集聚更加显著一些，其产生的正外部性经济效应也更为明显，会对制造业服务化的发展起到推动作用。另一方面，随着服务经济的发展，国有制造业企业占领了大量的制造业市场，民营制造业企业面临狭小且较为严峻的竞争市场。民营制造业企业开展服务化战略的动机较强，对生产性服务业依赖程度更高。与此同时，服务市场的发展推动服务相对生产率稳步发展，企业本着利益最大化的原则，更倾向于实施服务业战略。此外，民营制造业企业在管理上相对灵活，所以在制造业服务化的过程中更灵活。因此民营生产性服务业集聚对民营制造业服务化的影响显著。

第三，大多数结论中创新对制造业国有企业的服务化具有正向的促进作用，而对民营企业却会出现负向影响。这主要是由于民营企业转型发展的动机是利润最大化与企业的生存，所以当行业创新时，民营企业可能会在"服务化"陷阱与稳步发展中选择保持不变，从而在一定程度上抑制制造业服务化发展。同样可以理解的是相对生产率，不论是对民营企业还是国有企业，生产率越高利润率越丰厚的行业更容易引导企业的发展方向。由于企业性质的差异性影响，相对生产率对民营企业的影响更为显著。受到企业异质性的影响，资产分配对企业发展的影响也发生了变化。在国有企业中，资本流动性越高，制造业服务化水平越低且较为明显。但在民营企业中，资本流动性越高越有利于制造业服务化。这主要是由于民营企业资本流动性强，更有利于其政策的灵活应变。而对于国有企业固定资本的减少会令企业难以支撑服务化过程中带来的消耗，减少服务化动机或出现服务化失败，最终降低国有企业整体制造业服务化水平。

表 7-10　企业异质性生产性服务业集聚对制造业的影响结果

变量	（1）		（2）		（3）		（4）	
	OLSG	OLSM	FE_robust1	FE_robust2	FE_TW1	FE_TW2	RE1	RE2
E-G-G	-0.0137***		-0.0018		-0.0041		-0.0036	
E-G-M	(0.0003)*		(0.0042)		0.0051		0.0033	
MISG		0.0010**		0.0003***		0.0002**		0.0003*
MISM		(0.0004)		(0.0009)		(0.0001)		(0.0008)
RD	0.0005***	0.0002***	0.0005*	-0.0001	0.0005*	0.0005*	0.0005*	-0.0001
	(0.0001)	(0.0002)	(0.0004)	(0.0003)	(0.0005)	(0.0004)	(0.0004)	(0.0003)
MC	0.0004***	-0.0003***	-0.0001*	0.0001	-0.0001	-0.0002**	-0.0001	0.0001
	(0.0001)	(0.0004)	(0.0001)	(0.0001)	(0.0002)	(0.0001)	(0.0001)	(0.0001)
CA	0.0554**	-0.3037***	-0.6059*	0.2894	-0.5298	0.4029	-0.5160*	0.2292
	(0.0300)	(0.0690)	(0.4587)	(0.3755)	(0.6322)	(0.4758)	(0.4169)	(0.3383)
lnHR	0.0457***	-0.1720***	1.1990*	0.3964*	0.3687	-0.3973	1.1263***	0.3588**
	(0.0038)	(0.0118)	(0.4497)	(0.5248)	(0.5559)	(0.7213)	(0.4095)	(0.4575)
RP	0.0236***	0.0622***	0.0239	0.0368*	0.0090	0.0266	0.0268	0.0330**
	(0.0023)	(0.0154)	(0.0306)	(0.0218)	(0.0368)	(0.0238)	(0.0274)	(0.0188)
year2					-0.0070	-0.0006		
					(0.0122)	(0.0256)		
year3					0.0063	0.0494*		
					(0.0144)	(0.0322)		
year4					0.0423	0.0324*		
					(0.0263)	(0.0269)		
year5					0.0415*	0.0632*		
					(0.0340)	(0.0316)		

续表

变量	（1）				（2）				（3）				（4）	
	OLSG	OLSM	FE_robust1	FE_robust2	FE_TW1	FE_TW2	RE1	RE2
year6					0.0395*	0.0858*		
					(0.0408)	(0.0406)		
year7					0.0586*	0.1018**		
					(0.0440)	(0.0369)		
year8					0.0650*	0.1060**		
					(0.0484)	(0.0408)		
year9					0.09288	0.1002**		
					(0.0520)	(0.0383)		
year10					0.09358	0.1082**		
					(0.0640)	(0.0429)		
year11					0.08698	0.1177**		
					(0.0670)	(0.0391)		
year12					0.08048	0.1154		
					(0.0728)	(0.0474)		
year13					0.09728	0.02428		
					(0.0783)	(0.0522)		
_cons	0.8620***	0.6099***	0.9703***	0.5209*	0.9890**	0.5051**	0.9210***	0.5612***
时间效应	No	Yes	Yes	Yes	Yes	Yes	No	No
地域效应	No	Yes	Yes	Yes	Yes	Yes	No	No
时间— 地域	No	No	No	No	Yes	Yes	No	No
F 统计量	2294.500***	72.9200***	2.9000**	209.0200***	2.9800***	301.67***	18.2100***	829.50***
R^2	0.9784	0.8819	0.6008	0.8758	0.8867	0.9691	0.8728	0.7555

注：*、**、*** 分别表示在 10%、5%、1% 的置信水平下显著。

7.4 本章小结

本章从企业异质性的角度扩展分析了生产性服务业集聚对制造业服务化的影响。笔者发现：

第一，从生产性服务业行业异质性层面分析，在影响效应方面，信息传输与计算机服务和软件业对生产性服务业的集聚对制造业服务化具有抑制作用，交通仓储邮电业、批发零售贸易业、金融业、房地产业、租赁和商业服务业、科研与技术服务和地质勘探业的集聚对制造业服务化具有促进作用。在影响程度方面，交通仓储邮电业、信息传输与计算机服务和软件业、科研与技术服务和地质勘探业的集聚对制造业服务化不产生明显的经济效应。批发零售业、金融业、房地产业、租赁和商业服务业的集聚对制造业服务化发展产生明显的经济效应，其中租赁和商业服务业对制造业服务化的促进作用最显著。从制造业行业异质性层面分析，在影响效应方面，生产性服务业集聚对轻纺工业制造业、资源加工制造业、机械和电子制造业、高新技术制造业与非高新技术制造业均产生促进效应，其中相较于资源加工制造业与机械和电子制造业而言，轻纺工业制造业服务化受生产性服务业集聚影响更深；生产性服务业集聚对高新技术制造业服务化的促进作用大于非高新技术制造业。

第二，生产性服务业集聚对制造业服务化的促进作用会受到企业性质的影响。国有生产性服务业集聚对国有制造业服务化具有微弱的抑制作用，而民营生产性服务业集聚对民营制造业服务化为促进作用。与此同时，在不同企业性质下，差异性的要素对制造业服务化的影响也会发生改变。

综上所述，生产性服务业集聚对制造业服务化的影响会受到行业异质性与企业性质异质性的影响。因此，我们考虑如何发挥生产性服务业集聚对制造业服务化的促进作用时，应当根据不同的情况来科学地规划实施方案。

生产性服务业集聚
对制造业服务化的
影响研究

SHENGCHANXING FUWUYE JIJU

DUI ZHIZAOYE FUWUHUA DE

YINGXIANG YANJIU

第八章 结论、启示与展望

全球经济从工业化向服务化转变，制造业服务化成为全球工业发展的主要特征之一（Windahl and Lakemond，2010）。我国自进入经济新常态后，不仅面临着内部生产供给与消费者需求不匹配的经济发展不平衡的挑战，还面临着全球经济不确定性与贸易争端增多的双重挤压下贸易获益减少的风险。因此，亟须促进制造业升级，构建强大的国内市场进而实现我国经济的长久与平稳发展。目前，我国处于工业化后期阶段，生产性服务业与制造业的关系日益密切。伴随着制造业升级，生产性服务业迅速发展，并逐渐呈现出集聚的发展特征。生产性服务业集聚不仅对自身产业发展造成影响，也对制造业服务化的发展产生进一步的影响。然而，学术界对生产性服务业集聚影响制造业服务化的研究还相对较少，对相关经济实践的理论指导不足。鉴于这些问题，本书研究了生产性服务业集聚对制造业服务化的影响、机理与路径，以期为生产性服务业集聚促进制造业服务化发展，改变制造业的大而不强的现状，构建强大的国内市场循环进而提升我国制造业在全球贸易中的地位，促进我国贸易的发展，实现国内贸易与国际贸易相互促进的良性发展循环，提供一定的理论与实践指导。

8.1 研究结论

本书从理论、现状、实证三个层面研究了生产性服务业对制造业服务化是否具有影响、影响的方向及其程度、如何影响，以及影响的路径等问题，得到如下结论：

（1）基于理论层面的分析，本书有以下发现：首先，通过文献梳理，笔者发现生产性服务业集聚与制造业服务化形成机制略有不同。在制造业服务化发展中，政府引导或干预较少，大多是产业自发；但是在生产性服务业集聚过程中，政府的引导与干预较多且更易介入。因此，在理论上，国家可以通过政府引导生产性服务业集聚来影响制造业服务化的发展。其次，通过对生产性服务业集聚与制造业服务化发展影响的研究判断发现：一是从整体上来看，我国生产性服务业集聚与制造业服务化都呈现出较好的发展趋势，但整体水平仍有待提升，这与现有的相关研究结论较为一致（陈雯和李碧珍，2018）。二是从基础数据层面看，不论是从全国、区域还是行业层面来看，生产性服务业集聚与制造业服务化都具有相同的发展趋势，且均具有一定的滞后期，表明了两者存在相关性。三是从具体案例层面来看，生产性服务业集聚与制造业服务化发展具有相同的发展趋势，并且在任意阶段，生产性服务业集聚都对制造业服务化发展呈现出促进的态势。

（2）基于面板固定效应模型分析，本书发现生产性服务业集聚能促进制造业服务化水平提升，且其中的控制变量也具有较强的解释意义：一是创新水平提高促进制造业服务化发展。这是因为创新能够促进制造业升级，降低制造业服务化风险，进而提升制造业的服务化水平。二是制造业盈利水平越高，制造业服务化水平越低。因为在利润上升时，企业为追求利益最大化更倾向保持原有的发展轨迹，这与大多数研究企业经济发展的文献结果也相吻合。三是资本分配中流动资产占比越大，制造业服务化水平越低。这是由于固定资产占比越大的制造业企业具有更加雄厚的资金、完善的物质基础与丰富的人力资源，更有利于化解制造业服务化风险。四是人力资源水平越高，制造业的服务化水平越高。制造业向服务化转型增加了企业运营的复杂性，对人力资源的需求更高。五是生产性服务业与制造业的相对生产率越高，制造业服务化水平越高。这是因为当生产性服务业的生产率高于制造业时，增强了制造业服务化转型的动机，进而促进制造业服务化水平的提升。六是服务的可获得性会促进制造业服务化。服务的可获得性优化后，制造业也能够更加便捷地获得服务，进而增加制造业的服务化投入，促进了制造业的服务产出，进而提高了制造业的服务化水平。七是信息化水平越高，制造业服务化水平越高。信息化能够帮助制造业服务化转型应用更先进的科学技术，提升制造业生产率；同时，便利的信息化能够增加制造业企业间的信息溢出，降低制造业交易成本，增加制造业成本剩余，并提升制造业创新能力，进而促进制造业服务化水平的提升。

（3）基于动态面板模型分析，本书判断出目前我国生产性服务业集聚对制造业服务化影响的93%处于倒"U"字形曲线左侧，生产性服务业集聚正向影响大于负向影响，整体发挥的是正外部性经济效应。因此，我们目前还应当加大发展生产性服务业集聚，并在促进其发展的过程中开展防止负外部性经济效应的产业布局工作。

（4）基于面板空间杜宾模型分析，发现在考虑了空间因素后，虽然生产性服务业集聚对制造业服务化影响仍然为正向的促进作用，但是其空间溢出效应却为弱的负效应。这主要是由于现阶段我国生产性服务业集聚还处于产业集聚发展的初期，具有虹吸效应，会对周边地区的相关产业形成资源掠夺，抑制周边相同产业的发展。

（5）基于门槛效应模型分析，本书发现：一是从创新的角度看，发现当创新水平对生产性服务业集聚影响制造业服务化具有门槛效应。当创新水平超过一定高度后，影响程度会大幅提升。这主要是由于创新水平提升下制造业服务化升级加快，对相关生产性服务业的需求增加，二者相互依存性上升。二是从生产的角度看，发现相对生产率对生产性服务业集聚促进制造业服务化具有门槛效应，当相对生产率达到一定水平后，促进作用会降低。这主要是由于相对生产率上升到一定水平后，服务业发展良好会增加制造业服务化市场竞争力，增加制造业服务化风险，进而降低制造业服务化的动机，减少对生产性服务业的需求，降低了二者的关联性，进而削弱影响。

（6）基于中介效应模型，本书发现：第一，生产性服务业集聚主要从产业集聚效应与产业关联效应两个层面来影响制造业服务化的发展。在产业集聚效应层面，生产性服务业能够通过产业集聚的MAR、JACOBS与PORTER外部性经济效应三条路径来影响制造业服务化的发展。在产业关联效应层面，生产性服务业主要通过产业耦合路径来影响制造业服务化的发展。第二，从中介效应程度来看，最高的是产业集聚下的产业耦合，其次是产业集聚的MAR外部性经济效应、JACOBS外部性经济效应与PORTER外部性经济效应，这与我国的具体国情相符合。一是生产性服务业集聚的MAR与PORTER外部性经济效应的发挥，增强了生产性服务业的专业化水平，促进集群内服务业产业的良性竞争，降低了整个集群产业的生产成本。二是生产性服务业集聚能够通过集聚的JACOBS外部性经济效应与产业耦合效应推动在生产性服务业与制造业服务化企业间形成优质服务业。劳动力资源与市场信息共享，知识与技术溢出，进一步降低了制造业的交易成本，提升了它们在产业价值链中的地位，促进了它们整体服务化水平的提升。三是受到我国工业发展后期与发展中期的路径依赖影响，我国生产性服务业集聚中多样化集聚较低，因此对集聚的JACOBS外部性经济促进作用较弱，没有充分发挥产业集聚的JACOBS外部性经济效应。不论是产业集聚层面还是产业关联层面，生产性服务业集聚都增加了制造业的成本剩余与收益剩余，促进了制造业服务化的发展，但在具体路径中也存在需要进一步完善的地方。

（7）基于面板固定效应与OLS模型分析，从生产性服务业行业异质性层面研究生产性服务业集聚对制造业服务化的影响发现：一是劳动密集型行业如交通仓储业、批发零售贸易业的集聚对制造业服务化的影响大多为促进作用。二是资本密集型金融业与房地产业的集聚均对制造业服务化具有促进作用。制造业服务化本质上是产业结构的升级，制造业生产模式的服务化转变与虚拟经济的兴起具有密切关联性，资本的注入是制造业服务化的重要基础，金融业越发达，制造业服务化的发展环境越优。三是技术密集型的信息传输与科研技术均对制造业服务化没有明显作用。这主要是由于生产性服务业集聚度相对较低，还不能将技术转化为促进制造业服务化发展的动能，所以目前我国信息传输与科研技术和地质勘探业对制造业服务化的影响不明显。从制造业行业异质性层面研究生产性服务业集聚对制造业服务化的影响发现：一是生产性服务业集聚对轻纺工业制造业、资源加工制造业和机械与电子制造业均为促进作用，但受到行业自身特征的影响，促进程度不同。二是生产性服务业集聚对高新技术制造业服务化的促进明显大于对非高新技术制造业服务化的促进，这主要是由高新技术制造业服务化需求与生产性服务业集聚正外部性的匹配度更高，以及高新技术制造业服务化动力更强所致。

从企业性质异质性层面研究生产性服务业集聚对制造业服务化的影响，笔者发现：第一，国有生产性服务业集聚对国有制造业企业服务化影响程度不深。本书认为这主要是由于国有企业的市场竞争度相对较低,对市场需求变化的捕捉能力较弱,且其往往具有较大的体量,存在决策权不集中的现象。因此,在制定和转变发展战略上存在稳定的决策偏好,不倾向且不能迅速地改变产业战略,对生产性服务业的需求依赖度相对较低,不利于生产性服务业集聚发挥经济效应。第二,民营生产性服务业集聚促进民营制造业企业服务化发展。这是因为相较于国有企业,民营企业没有稳定的需求途径,市场竞争更为激烈,所以企业对市场需求的变化敏感,加上企业体量较小和决策权集中,能够在市场需求转变时灵活地改变经营策略,迅速调整对生产性服务业的需求,增加生产性服务业与制造业之间的关联度,使得生产性服务业集聚对制造业服务化的正向影响程度加深。

8.2 研究启示

本书依据上述研究结论,结合生产性服务业集聚与制造业服务化的发展与互动现状,为生产性服务业集聚促进制造业服务化发展提出如下政策建议:

8.2.1 整合区域要素市场,推动要素自由流动

我国生产性服务业整体还处于一个比较低的水平,且行业集聚度普遍高于地区资源匹配集聚度。因此,需要我们合理地部署各地区产业资源,使地区资源与行业发展需求相匹配,调整现存的产业集聚结构。首先,可以持续推进高铁与普速铁路的建设与布局,充分发挥交通效应带来的"要素整合效应"实现跨区域资源的平衡分配(乔彬等,2019)。与此同时,要进一步促进区域平衡,打破地方发展壁垒消除行政藩篱,实现区域市场一体化。其次,积极推进已有的"粤港澳大湾区""长三角"与"珠三角"

等经济带的发展，发挥其辐射作用，加强区域间的联系。再次，推动湖北、四川、重庆等中西部城市加入"一带一路"共建中，提升当地经济发展水平，弥补区域间发展的不协调。再次，进一步促进全国市场的整合，推动制造业服务化的区域均衡发展。此外，制造业服务化的实际状况仍旧是处于较低的发展水平，尤其是中部与西部地区，这可能是由于该地区经济科技发展和人们对这一问题的认识水平相对较低。所以，还需要持续建设并完善制造业服务化的基础与资源，引导相对落后地区的服务化意识，促进其长远发展。

8.2.2 推进生产性服务业集聚，提升制造业服务化水平

集聚是促进产业升级的重要手段，也是增加产业关联的主要桥梁。从实证结果上看，生产性服务业集聚可促进制造业服务化发展。生产性服务业集聚的程度决定生产性服务业对制造业服务化的推动效用及其方向与程度。大力推进生产性服务业集聚，能够发挥生产性服务业集聚的正外部性经济效应，为制造业服务化营造良好的发展环境，增强制造业服务化的发展动能。在生产性服务业集聚下，生产性服务业得到发展，增强了生产性服务业与制造业服务化的关联性，进一步增强了生产性服务业发展对制造业服务化的促进作用。所以，政府首先要注重生产性服务业的发展，持续关注生产性服务业的建设，通过完善财政、税收与就业等政策推动生产性服务业的发展以及基础设施建设的完善。其次，可以借鉴美国等发达国家的成功经验，制定符合我国国情的生产性服务业金融支持体系的相关法律法规等，为生产性服务业发展提供保障。最后，积极帮助已有的生产性服务业集聚优化生产环境，引进并承接国外先进产业转移，增强产业集聚群吸引力，促进生产性服务业对制造业服务化的产业集聚效应，且在大力推进生产性服务业集聚的同时，注重生产性服务业集聚的结构布局，对可能产生的负外部性经济效应进行适当的预期调整。

8.2.3 合理布局产业空间，减少集聚虹吸效应弊端

生产性服务业集聚不仅对制造业服务化产生直接的经济效应，受到产业分布地域的影响还会对周边产业形成空间效应。从生产性服务业集聚对制造业服务化空间效应的实证结果来看，我国生产性服务业集聚会促进当地制造业服务化的发展，但会抑制周边制造业服务化的发展，具有明显的虹吸效应。因此，政府首先需履行其对经济发展的总体规划职能，合理布局地区生产性服务业的空间分布，尽可能避免邻近两极化的情况。其次，继续建立健全生产性服务业的法律与规章制度，正确引导产业发展方向，对不能迅速调整产业方向的地方，给予更多的政策支持，减少虹吸效应对周边地区发展带来的弊端。最后，注重发挥经济特区对生产性服务业生产率的促进作用（Xi et al.，2021），持续推进已有的经济特区建设，并逐步增加更多的开放贸易措施，科学合理地设立更多的经济特区。

8.2.4 积极创新、调控生产，增强生产性服务业集聚效用

促进创新发展，使创新水平与产业生产率相对水平达到生产性服务业集聚促进制造业服务化的最优区间，充分发挥生产性服务业集聚对制造业服务化的助推作用。首先，应持续加强创新投入，重视人才培养，为区域创新奠定发展基础。与此同时，政府与企业应进一步推动区域信息化发展，促进"互联网+"与传统产业的融合，发挥信息化对企业发展创新变革的促进作用。其次，持续关注教育发展，开展更多高水平的教育合作，提高知识转化率，增强对科技创新生产性服务业的资金支撑与人才扶持力度，提高整体创新水平。最后，各地政府可以通过对生产性服务业发展给予更多支持政策，来提升生产性服务业的生产效率，增强制造业服务化的动机，并通过建立集聚群内产业交流平台，进一步增强生产性服务业与制造业服务业之间的关联性，发挥生产性服务业集聚对制造业服务化的推动作用，促进制造业服务化的发展。

8.2.5 优化产业传导路径机制，提升增益型路径效用发挥

重视生产性服务业集聚带来的外部性经济效应，根据现有的制造业集聚效用发挥的情况，分层次增强生产性服务业集聚外部性经济效应。首先，应当提升生产性服务业专业化集聚，增强生产性服务业整体专业化水平，从而进一步降低制造业运营成本，提升制造业工人与管理的匹配度和行业的整体运营水平，为制造业服务化夯实基础。此外，应加强生产性服务业集聚地产业多样化引导与布局，增强生产性服务业多样化集聚水平，积极促进集聚的 JACOBS 外部性经济效应，降低制造业交易成本，提升制造业技术创新（Kalemi et al.，2003；钟顺昌等，2017），发挥制造业价值链攀升的促进功能。其次，要进一步完善对集群市场的监管机制，政府要引导集群下企业适度竞争，提升集群内各企业或行业整体的创新能力与生产效率，形成良好的市场环境，提升制造业企业的竞争力。再次，应当继续加强生产性服务业与制造业的关联、耦合度与协同度，拓宽生产性服务业集聚对制造业服务化的匹配路径，扩大生产性服务业集聚促进制造业服务化的效率。除此之外，还应当以这种路径为基础为生产性服务业集聚推动制造业服务化发展拓展更多的传导路径，扩大推进效应的发挥，进而推动我国制造业升级，弥补国内市场生产与需求的不平衡，为我国实现社会主义强国增添助力。

8.2.6 施行定制化政策引导，充分发挥集聚的正向效用

第一，采取因业制宜的方法，科学地调整与优化生产性服务业内部结构，并对具有不同特征的生产性行业给予不同的规划与引导政策：一是对劳动密集型产业中的交通仓储业、批发零售贸易业，应持续推动产业集聚，以便充分发挥产业集聚对产业升级的促进作用。二是对资本密集型行业中的金融业与房地产业，各地政府应大力推行产业发展，提升产业集聚水平，增进资本密集型生产性服务产业集聚促进制造业服务化发展的作用。三是对技术密集型产业，整体上要进一步推动技术产业的发展水平以及其在制

造业升级中的应用，增强技术资源密集型生产性服务行业与制造业的关联度，增强其产业集聚对制造业服务化的影响程度。此外，还应当考虑到技术密集型产业发展的空间需求，适当分散勘探行业的空间分布，实现全国范围的互联互通，为制造业服务化带来更多便利。

第二，对不同性质的企业实施不同的发展政策。不同性质的企业往往具有不同的管理运营模式，影响企业乃至行业的发展模式。因此，针对国有企业发展模式单一、缺乏创新精神和企业运营效率低等问题的解决对策：一是要持续推进产业集聚，促进国有生产性服务业产业集聚，增强生产性服务业企业集聚的外部性经济效应；二是加强生产性服务业与制造业的关联、融合与协调，大力开展国有制造业企业改革，推出有助于企业并购重组的政策，并继续鼓励企业实施自负盈亏，帮助企业提高市场敏感度，增强企业服务化战略动机；三是针对国有企业，应对其产业战略的改革提供更多的政策帮助，提升企业服务化转型效率，减少企业服务化转型的顾虑。针对民营企业，政府可以借鉴一些域外的好经验，充分发挥行业协会的作用，如参考日本信息处理振兴协会（IPA）的做法，建立更多行业协会，增加企业与政府的桥梁与纽带，持续推进民营生产性服务业企业集聚，以此充分发挥生产性服务业对制造业服务化的促进作用。

8.3 研究展望

研究生产性服务业集聚对制造业服务化的影响，既是我国流通业发展与制造业升级的重要环节，又是我国实现社会供需平衡、构建强大的国内市场、促进双循环发展需要长期关注的问题。本书受限于写作时间与篇幅。仍存在一些问题，有待进一步地思考和深入研究。

第一，关于数据。本书关于生产性服务业与制造业的相关数据均选取Wind 数据库 2020 年统计的上市企业数据。然而随着本书写作时间的推进，不少新的上市公司又加入数据库中，但本书并没有将其统计在内。因此，如何跟进并更新数据，保持研究的合理性还需要在进一步的探索中开展工作。

第二，关于指数的测算。制造业服务化都可以选用更加具有国际比较性的投入产出法计算，但因其统计口径与我国生产性服务业的行业统计口径存在出入，且现有的国际投入产出表不能实现国内区域的计算，所以不能实现生产性服务业集聚与制造业服务化的指标对接。这需要后续对指标测算与定义作进一步探索，找到既具有国际可比性也能够实现国内匹配的指标衡量方法。

第三，关于本书研究视角。本书主要从生产性服务业角度，对问题进行了单向研究。然而，生产性服务业集聚与制造业服务化可能存在互动关系，制造业服务化的提升也会反作用于生产性服务业集聚。但本书并没有对这一单向关系进行较多的描述与分析，在未来的研究中可以从制造业的角度进一步研究制造业服务化如何反作用生产性服务业集聚的发展。

第四，关于政策建议的实践性。我国目前生产性服务业集聚整体水平较低，相关政策的实施效果监测数据也较少，对生产性服务业集聚如何有效提升制造业服务化的匹配政策就更加缺乏。因此，本书的政策建议在实践落实中可能会随着实际情况的发展而继续修正，这需要在未来的研究中进一步地总结与完善。

第五，未来可以进一步延伸研究的方向。关于生产性服务业集聚对制造业服务化的影响研究，还可以结合我国的现有国情与所处的国际经济环境展开更为多元的研究。以我国国内市场研究为主，进一步引入国际环境，研究如何通过生产性服务业集聚与制造业服务化的联动，实现国内市场带动国际贸易繁荣的目标等问题。

参考文献

[1] Aguilera A. Services relationship, market area & the intrametro-politan location of Business Service[J]. The Service Industries Journal, 2003, 23(1): 43–58.

[2] Alexander L. Office Location & Public Policy [M]. London: Longmans, 1979: 15–43.

[3] Anselin L. Spatial econometrics:methods & models[M]. Spatial Econometrics:Methods & Models. Springer Netherlands,1988: 102.

[4] Anselin L., Gallo J. L., Jayet H. Spatial Panel Econometrics[J]. The Econometrics of Panel Data, 2008(43): 625–660.

[5] Arora R. Livescu K. Deep Canonical Correlation Analysis[J]. Proceedings of Machine Learning Research, 2014, 28(3): 1247–1255.

[6] Arrow K. The Economic Implications of Learning by Doing[J]. Review of Economic Studies, 1962, 29(3): 155 – 173.

[7] Arthur B. Increasing returns and path dependence in the economy[M]. University of Michigan Press. 1994: 27–33.

[8] Baines T. S., Lightfoot H. W., Benedettini O., et al. The servitization of manufacturing: A review of literature & reflection on future challenges[J]. Journal of Manufacturing Technology Management, 2009, 20(5): 547–567.

[9] Bakas O., Powell D., Resta B., et al. The Servitization of Manufacturing: A Methodology for the Development of After-Sales Services[R]. Rhodes: IFIP International Conference,2013: 337–344.

[10] Baker S. R., Bloom N., Davis S. J. Measuring economic policy uncertainty [J]. The Quarterly Journal of Economics, 2016, 131(4): 1593–1636.

[11] Baltagi B. H. Econometric Analysis of Panel Data[J]. Econometric Theory, 2001(5): 747–754.

[12] Banga R. Critical Issues in India's Service–Led Growth[R]. ICRIER Working Paper,2005: 25–43.

[13] Baro E., Soy A. Business services location strategies in the Barcelona metropolitan region[J]. The Service Industries Journal, 1993, 13(2): 43–58.

[14] Baron R. M. Kenny D. A. The Moderator–mediator Variable Distinction in Social Psychological Research: Conceptual, Strategic, & Stastical Consideration[J]. Journal of Personality & Social Psychology, 1986, 51(6): 1173–1182.

[15] Beyers W. B. Producer Services[J]. Progress in Human Geography, 1993, 17(2): 221–231.

[16] Boschma R., Minondo A., Navarro M. Related Variety & Regional Growth in Spain[J]. Regional Science,2012,91(2): 241–256.

[17] Browning H., Singlman J. The Emergence of a service society: Demographic & Sociological Aspects of the Sectoral Transformation of the labor Force in the USA. Beverly Hilly [M]. CA: Sage Publication, 1975: 101–123.

[18] Bruce, E., Hansen. Threshold effects in non–dynamic panels: Estimation, testing, and inference[J]. Journal of Econometrics, 1999,93(2): 345–368.

[19] Brulhart M., Mathys N. A. Sectoral Agglomeration Economies in A Panel of European Regions[J]. Regional Science & Urban Economics,2008,38(4): 348–362.

[20] Capello R., Lenzi C. Spatial Heterogeneity in Knowledge, Innovation, & Economic Growth Nexus: Conceptual Reflections & Empirical Evidence[J]. Journal of Regional Science, 2013, 54(2): 186–214.

[21] Chen M., Wang F. Effects of top management team faultlines in the service transition of manufacturing firms[J]. Industrial Marketing Management, 2021, 98(3): 115–124.

[22] Ciccone A., Hall R. E. Productivity & the Density of Economic Activity[J]. American Economic Review,1996,(86): 54–70.

[23] Clapp J. M. The intrametropolitan location of office activities[J]. Blackwell Publishing Ltd, 1980, 20(3): 387–399.

[24] Coffey W. J., Shearmur R. G. Agglomeration & Dispersion of High-order Service Employment in the Montreal Metropolitan Region, 1981-96[J]. Urban Studies, 2016, 39(3): 359-378.

[25] Coffey W., Bailly A. Producer Services & Systems of Flexible Production[J]. Urban Studies, 1992, 29(6): 857-868.

[26] Cohen M., Agrawal N, Agrawal V.Winning in the aftermarket[J]. Harvard Business Review, 2006, 84(5): 129-138.

[27] Combes P. P. Economic structure & local growth: France,1984-1993[J]. Journal of urban economics, 2000,47 (3): 329-355.

[28] Cook M. B., Bhamra T. A., Lemon M. The transfer & application of Products Service System: from academia to UK manufacturing firm[J]. Journal of clearner Production,2006, (14): 1454-1465.

[29] Cristiano A. Localized technological change, new information technology & the knowledge based economy: The European evidence[J].Journal of Evolutionary Economics, 1998, 8(2): 177-198.

[30] Crozet M., Milet E. Should everybody be in services? The effect of servitization on manufacturing firm performance[J]. Journal Economics & Management Strategy, 2017, 26(4): 820-841.

[31] Crozet M., Milet E. The Servitization of French Manufacturing Firms[J]. Working Papers, 2014: 24-26.

[32] Dagum C. A New Approach to the Decomposition of the Gini Income. Inequality Ratio[J]. Empirical Economics. 1997,22(4): 515-531.

[33] Daniel B.The Coming of Post industry Society[M]. London: Heinermann Educational Books Ltd, 1974: 108.

[34] Daniels P. W. Service industries: A Geographical Appraisal [M]. Blackwell Publishers, 1985: 34-67.

[35] Davies A. Moving base into high-value integrated solutions: a value stream approach[J]. Industrial & Corporate Change, 2004,13(5): 727-756.

[36] Elhorst J. P. Spatial Econometrics: From Cross-sectional Data to Spatial Panels[M]. Berlin: Springer,2014: 6-41.

[37] Elliott P. Intra-Metropolitan agglomerations of producer services firms: The case of graphic design firms in Metropolitan Meibourne, 1981 to 2001. Maester Thesis, The University of Meibourne, 2005: 56-83.

[38] Ellison G., Glaeser E. L. Geographic Concentration in U.S. Manufacturing Industries: A Dartboard Approach [J].Journal of Political Economy,1997,105(5): 889-927.

[39] Ellison, Glenn, Edward L. Glaeser. Glaeser William R. Kerr.What Causes Industry Agglomeration? Evidence from Coagglomeration Patterns[J]. American Economic Review,2010,100 (3): 1195-1213.

[40] Eswaran M, Kotwal A. The role of the service sector in the process of industrialization[J]. Journal of Development Economics, 2002, 68(2): 401-420.

[41] Eswaran M., Kotwal D. Why Are Capitalists the Bosses? [J]. The Economic Journal, 1989, 99(3): 162-79.

[42] Ezcurra R., Pascual P., Rapun M. Regional Specialization in the European Union[J]. Regional Studies,2006,40(60): 601-616.

[43] Fang E., Palmatier R., Steenkamp J. Effect of service transition strategies on firm value[J]. Journal of Market ing, 2008(72): 1-14.

[44] Feldman M. P., Audretsch D. B. Innovation in cities: [J]. European Economic Review, 1999, 43(2): 409-429.

[45] Feser E. J. Tracing the sources of local external economies[J]. Urban studies,2002,39(13): 2485-2506.

[46] Frenken K., Van Oort, F., Verburg, T. Related variety, unrelated variety & regional economic growth[J]. Regional Studies, 2007,41(5): 685-697.

[47] Fuijita M., Krugman P., Venables A. J., The Spatial Economy: Cities, Regions & International Trade [M]. The MIT Press,1999: 56-72.

[48] Gebauer H., Edvardsson B., Gustafsson A. Match or Mismatch: Strategy-Structure Configurations in the ServiceBusiness of Manufacturing Companies[J]. Journal of Service Research,2010,13(2): 198-215.

[49] Gebauer H., Friedli T., Fleisch E. Success factors for achieving high service revenues in manufacturing companies[J]. Benchmarking: An International

Journal, 2006, 13(3): 374–86.

[50] Gebauer H.,Fleisch E. An investigation of the relationship between behavioural processes, motivation, investments in the service business & service revenue[J]. Industrial Marketing Management, 2007(36): 337–348.

[51] Glaeser E. L., Kallal H. D., Scheinkman J. A., et al. Growth in cities[J]. Journal of political economy,1992,10(6): 1126–1152.

[52] Goe R. Factors associated with the development of nonmetroplitan growth. nodes in producer service[J]. Rural Sociology, 1990,67(3): 416–441.

[53] Göran R. Servitization as Innovation in Manufacturing–A Review of the Literature[M]. The H&book of Service Innovation. Springer London, 2015: 56–78.

[54] Graham P. On the interpretation & disaggregation of gini coefficients[J]. Economic Journal,86(342), 1976: 243–255.

[55] Greenfield H. Manpower & growth of producer services [M]. Colubia University Press, 1966: 62–85.

[56] Grubel H. G., Walker M A. Modern Service Sector Growth: Causes and Effects[M]. 2019: 1–34.

[57] Guerrieri P., Meliciani V. Technology & International Competitiveness: The Interdependence between Manufacturing & Producer Services [J]. Structural Change & Economic Dynamics, 2005,16(4): 489–502.

[58] Hansda S. K. Sustainability of Service–led Growth: An Input–output Analysis of Indian Economy[R]. RBI Occasional Working Paper,2001: 42–86.

[59] Henderson J. V. The sizes & types of cities[J]. The American Economic Review, 1974: 640–656.

[60] Herbert G., Michael A. Walker. Service Industry Growth: Cause & Effects [M]. Fraser Institute, 1989: 67–103.

[61] Howells J., Green A. E. Technological innovation, structural change, & location in UK services[J]. Annals of Behavioral Medicine A Publication of the Society of Behavioral Medicine, 1988, 19(3): 252–279.

[62] Hugh D. The Measurement of the Inequality of Incomes[J]. The Economic

Journal, 1920(119): 119.

[63] Humphrey J., Schmitz H. How Does Insertion in Global Value Chains Affect Upgrading in Industrial Clusters?[J]. Regional Studies, 2002.36(9): 1017–1027.

[64] Iammarino S. Industrial Agglomeration & New Technologies: A Global Perspective.[J]. Economic Geography, 2008, 84(3): 367 – 368.

[65] Illeris S. Producer services: The key factor to economic development[J]. Enterpreneurship & Regional Development,1989, 1(3): 267–274.

[66] Illeris S. Producer services: the key sector for future economic development?[J]. Entrepreneurship & Regional Development, 1989, 1(3): 267–274.

[67] Illeris S. The service economy: a geography approach[M]. Chichester: John Wiley&Sons,1996: 69–85.

[68] Izard W. Location & space–economy: a general theory relating to industrial location, market areas, l& use, trade, & urban structure[M]. The Technology Press of Massachusetts Institute of Technology, 1956.

[69] Jacobs J. The Economy of Cities[M]. New York: Random House, 1969:15–36.

[70] Judd C. M. Kenny D. A. Process Analysis: Estimating Mediation in Treatment Evaluations[J]. Evaluation Review, 1981, 5(5): 602–619.

[71] Kalemi O., Sebnem S. Bent et al. Risk Sharing & Industrial Specialization: Regional & international Evidence[J].The American Economic Review, 2003, 93(3): 903–918.

[72] Ke S., He M., Yuan C. Synergy & Co–agglomeration of Producer Services & Manufacturing: A Panel Data Analysis of Chinese Cities[J]. Regional Studies,2014,48(11): 1829–1841.

[73] Keeble D., Bryson J., Wood P. Small Firms, Business Services Growth & Regional Development in the United Kingdom: Some Empirical Findings[J]. Regional Studies,1991,25(5): 439–457.

[74] Keeble D., Nachum L. Why do business service firms cluster[R], working paper, Cambridge, 2001: 15–23.

[75] Keeble D., Wilkinson F. High–Technology Clusters, Networking & Collective

Learning in Europe[M]. Ashgate, 2002: 56–77.

[76] Kleibergen F., Paap R. Generalized Reduced Rank Tests Using the Singular Value Decomposition [J]. Journal of Econometrics,2006,133(1): 97–126.

[77] Kohtamaeki M., Partanen J., Parida V., et al. Non–linear relationship between industrial service offering & sales growth: The moderating role of network capabilities[J]. Industrial Marketing Management, 2013 (42): 1374–1385.

[78] Kotwal E. The Role of the Service Sector in the Process of Industrializations[J]. Journal of Development Economics,2002,68(2): 401–420.

[79] Krugman P. First Nature, Second Nature & Metropolitan Location[J]. Journal of Regional Science, 1993, 33(2): 129–144.

[80] Krugman P. Increasing Returns & Economic Geography[J]. Journal of Political Economy, 1991, 99(3): 483–499.

[81] Lee L. F., Yu J. H. Estimation of spatial autoregressive panel data models with fixed effects[J]. Journal of Econometrics, 2010, 154(2): 165–185.

[82] Lightfoot H. , Baines T. , Smart P. The servitization of manufacturing: A systematic literature review of interdependent trends[J]. International Journal of Operations & Production Management, 2013, 33(11–12): 1408–1434.

[83] Makower J. The clean revolution: technologies from the leading Edge [Z]. Presented at the Global Business Network Worldview Meeting, 2001: 34–86.

[84] Marshall A. Principles of economics[J]. Political Science Quarterly, 1961, 31(77): 430–444.

[85] Marshall J. N., Damesick P., Wood P . Understanding the Location and Role of Producer Services in the United Kingdom[J]. Environment and Planning, 1987, 19(5): 575–595.

[86] Martin L. Sequential Location Contests in the Presence of Agglomeration Economies[J]. Working Paper, University of Washington, 1999: 21–32.

[87] Max F., Saara B., Jan H., Holmstroom.Reversed servitization paths: a case analysis of two manufactur ers[J]. Service Business,2013(7): 513–537.

[88] Michaeli T. Wang W., Livescu K. Nonparametric Canonical Correlation Analysis[J]. Computer Science, 2015,33(1): 1–13.

[89] Moran P. A. Notes on continuous stochastic phenomena[J].Biometrika,1950,37(1/2): 17-23.

[90] Moulaert F., Gallouj C., The Locational Geography of Advanced Producer Service Firms: The Limits of Economies of Agglomeration[J]. Service Industries Journal, 1993, 13(2): 91-106.

[91] Muller E., Doloreux D. What we should know about knowledge-intensive business services[J]. Technology in Society,2008,31(1): 64-72.

[92] Muller E., Zenker A. Business services as actors of knowledge transformation: the role of KIBS in regional & national innovation systems[J]. Research policy, 2002, 30(9): 1501-1516.,

[93] Naresh R. P., Gary C.The benefits of industrial clustering: Insights from the British financial services industry at three locations[J]. Journal of Financial Services Marketing, 2003, 7(3): 230-245.

[94] Neely A. Exploring the Financial Consequences of the Servitization of Manufacturing [J]. Operations Management Research,2008 (1): 103-118.

[95] Oliva R., Kallenberg R. Managing the transition from products to services[J]. International Journal of Service Industry Management, 2003,14(2): 1-10.

[96] Otsuka A., Goto M., Sueyoshi T. Industrial Agglomeration Effects in Japan: Productive Effective, Market Access, & Public Fiscal Transfer[J]. Papers in Regional Science, 2010, 89(4): 819-840.

[97] Pandit N. L. Office, G. A. S & Swann, G. M. P. The dynamics of industrial clustering in British financial services[J]. The Service Industries Journal, 2011,21 (4): 33-61

[98] Pappas S. The New Manufacturing: Linkages between Production & Service Activities[M]. Melboume: Victoria University Press.1998: 16-23.

[99] Park S. H. Chan K S. a Cross-country Input-output Analysis of Intersectoral Relationships between Manufacturing & Services & their Employment Implications[J]. World Development,1989,17(2): 199-212.

[100] Parr J. B. Specialization, diversification & regional development[J]. The Professional Geographer, 1965, 17(6): 21-25.

[101] Parrinello S. The Service Economy Revisited[J]. Structural Change & Economic Dynamics, 2004,15 (4): 381–400.

[102] Pinch S., Henry N. Paul Krugman's Geographical Economics, Industrial Clustering and the British Motor Sport Industry[J]. Regional Studies, 1999, 33(9): 815–827.

[103] Porter M. A. Clusters & the new economics of competition[J]. Harvard Business Review. 1998, 76(6): 77–90.

[104] Porter M. E. The Competitive Advangage of Nations [M]. New Youk: Free Press, 1996: 26–53.

[105] Preissl B. The German Service Gap or: Re–organising the Manufacturing–services Puzzle[J]. Metroeconomica,2007,58(3): 457–478.

[106] Riddle D. Service led growth: the role of the service sector in world development [M]. New York: Praeger Publishers,1986: 97–103.

[107] Romer P. Increasing Returns and Long–Run Growth[J]. Journal of Political Economy, 1986, 94(5), 1002–1037.

[108] Rowthorn R., Ramswamy R. Growth, Trade & Deindustrialisation[J]. IMF Staff Papers, 1999,46(1): 18–41.

[109] Scott A. J. Flexible production systems & regional development: The rise of new industrial space in North America & Western Europe[J]. International Journal of Urban & Regional Research, 2010, 12(2): 171–186.

[110] Slack N. Operations strategy: will it ever realise its potential[J]. Gestao & Producao, 2005,12(3): 323–32.

[111] Smith L., Ngic L., Maull R. The Three Value Cycles of Equipment based Service[J]. Production, Planning & Control,2012,23(7): 1–18.

[112] Stein R. Producer Services, Transaction Activities, & Cities: Rethinking Occupational Categories in Economic Geography[J]. European Planning Studies, 2002, 10(6): 723–743.

[113] Szalavetz A. 'Tertiarization' of manufacturing industry in the new economy. Differences in Hungarian companies[J]. iwe working papers, 2003: 5–13.

[114] Valerie I. The Penguin Dictionary of Physics[M]. Beijing Foreign Language

Press, 1996: 92–93.

[115] Vandermerwe S., Rada J. Servitization of business: adding value by adding services[J]. European management journal,1988,6(4) : 314–324.

[116] Venables A. J., Equilibrium Locations of Vertically Linked Industries, International Economic Review, 1996,37(2): 341–359.

[117] Visnjic I., Van Looy B. Servitization: Disentangling the Impact of Service Business Model Innovation on the Performance of Manufacturing Firms[J]. Social ence Electronic Publishing, 2012, 31(4): 1–44.

[118] Wagner J. E. Regional economic diversity: action, concept, or state of confusion[J]. Journal of Regional Analysis & Policy, 2000, 30(2): 1–22.

[119] Wang P. Agglomeration in a Linear City with Heterogeneous Households[J]. Regional Science & Economics,1993,23(2): 291–306.

[120] White A. L., Stoughton M., Feng L. Servicizing: the quiet transition to extended product responsibility [R]. Boston: Tellus Institute,1999: 10–19.

[121] William J., Coffey, et al. Producer services & regional development: a policy-oriented perspective [J]. Papers in Regional Science, 1989, 67(1): 13–27.

[122] Windahl C., Lakemond N. Integrated dolutions from a service–centered perspective: applicability & limitations in the capital goods industry[J]. Industrial marketing management,2010,39(8):1278–1290.

[123] Wise R., Baumgartner P. Go downstream: the new profit imperative in manufacturing[J], Harvard Business Review, 1999:133–41.

[124] Wood P., Urban Development & Knowledge–Intensive Business Services: Too Many Unanswered Questions? [J]. Growth & Change, 2006, 37: 1468–2257.

[125] Xi Q., Sun R., Mei L. . The impact of special economic zones on producer services productivity: Evidence from China[J]. China Economic Review, 2021(65): 1–31.

[126] 阿尔弗雷德·马歇尔. 经济学原理 [M]. 廉运杰译. 北京：华夏出版社，2005.

[127] 艾德加·M. 胡佛，弗兰克·杰莱塔尼. 区域经济学导论（中译本）[M]. 上海：上海远东出版社，1992.

[128] 安筱鹏. 制造业服务化路线图机理、模式与选择 [M]. 北京：商务印书馆，1998：6-10.

[129] 白清. 生产性服务业促进制造业升级的机制分析：基于全球价值链视角 [J]. 财经问题研究，2015（4）：17-23.

[130] 陈红霞，李国平. 中国生产性服务业集聚的空间特征及经济影响 [J]. 经济地理，2016，36（8）：113-119.

[131] 陈建军，陈国亮，黄洁. 新经济地理学视角下的生产性服务业集聚及其影响因素研究：来自中国 222 个城市的经验证据 [J]. 管理世界，2009（4）：89-101.

[132] 陈建军，陈怀锦. 集聚的测度方法评述：基于前沿文献的研究 [J]. 西南民族大学学报 (人文社科版)，2017，38（4）：134-142.

[133] 陈建军，陈菁菁. 生产性服务业与制造业的协同定位研究：以浙江省 69 个城市和地区为例 [J]. 中国工业经济，2011（6）：141-150.

[134] 陈丽娴，魏作磊. 地区制造业服务化程度与劳动者工资收入：基于 CHIP 数据的经验研究 [J]. 财经论丛，2019，246（5）：15-23.

[135] 陈漫，张新国. 经济周期下的中国制造企业服务转型：嵌入还是混入 [J]. 中国工业经济，2016（8）：93-109.

[136] 陈雯，李碧珍. 福建省制造业上市公司服务化水平及影响因素研究 [J]. 福建论坛 (人文社会科学版)，2018（5）：168-176.

[137] 陈晓华，杨莹莹. 生产性服务业集聚的研究回顾与评述 [J]. 浙江理工大学学报 (社会科学版)，2019，42（6）：5-16.

[138] 陈知然，于丽英. 服务化理论最新研究进展 [J]. 商业经济与管理，2014（8）：57-63.

[139] 程中华，刘军. 产业集聚、空间溢出与制造业创新：基于中国城市数据的空间计量分析 [J]. 山西财经大学学报，2015，37（4）：34-44.

[140] 程中华. 城市制造业与生产性服务业的空间关联与协同定位 [J]. 中国科技论坛，2016（5）：85-90.

[141] 戴翔. 中国制造业出口内涵服务价值演进及因素决定 [J]. 经济研究，2016（9）：44-57.

[142] 邓琰如，秦广科. 生产性服务业集聚、空间溢出效应对经济高质量发

展的影响 [J]. 商业经济研究, 2020 (3): 161-164.

[143] 杜传忠, 王鑫, 刘忠京. 制造业与生产性服务业耦合协同能提高经济圈竞争力吗?: 基于京津冀与长三角两大经济圈的比较 [J]. 产业经济研究, 2013 (6): 19-28.

[144] 杜运苏, 彭冬冬. 制造业服务化与全球增加值贸易网络地位提升: 基于 2000—2014 年世界投入产出表 [J]. 财贸经济, 2018, 39 (2): 102-117.

[145] 冯泰文. 生产性服务业的发展对制造业效率的影响: 以交易成本和制造成本为中介变量 [J]. 数量经济技术经济研究, 2009, 26 (3): 56-65.

[146] 弗朗索瓦·佩鲁, 张宁. 新发展观 [M]. 北京: 华夏出版社, 1987.

[147] 高觉民, 李晓慧. 生产性服务业与制造业的互动机理: 理论与实证 [J]. 中国工业经济, 2011 (6): 151-160.

[148] 高洋, 宋宇. 生产性服务业集聚对区域制造业技术进步的影响 [J]. 统计与信息论坛, 2018, 33 (4): 75-84.

[149] 顾乃华, 毕斗斗, 任旺兵. 生产性服务业与制造业互动发展: 文献综述 [J]. 经济学家, 2006 (6): 35-41.

[150] 关爱萍, 陈锐. 产业集聚水平测度方法的研究综述 [J]. 工业技术经济, 2014, 33 (12): 150-155.

[151] 郭然, 原毅军. 生产性服务业集聚能够提高制造业发展质量吗?: 兼论环境规制的调节效应 [J]. 当代经济科学, 2020, 42 (2): 120-132.

[152] 过晓颖. 区域生产性服务业的集聚与创新研究 [M]. 北京: 经济科学出版社, 2013.

[153] 韩峰, 洪联英, 文映. 生产性服务业集聚推进城市化了吗?[J]. 数量经济技术经济研究, 2014, 31 (12): 3-21.

[154] 韩峰, 王琢卓, 阳立高. 生产性服务业集聚、空间技术溢出效应与经济增长 [J]. 产业经济研究, 2014 (2): 1-10.

[155] 韩峰, 阳立高. 生产性服务业集聚如何影响制造业结构升级?: 一个集聚经济与熊彼特内生增长理论的综合框架 [J]. 管理世界, 2020, 36 (2): 72-94.

[156] 何骏. 中国生产性服务业发展的路径拓展与模式创新 [J]. 商业经济与管

理，2010（1）：76-84.

[157] 侯学钢．上海城市功能转变和生产服务业的软化 [J]. 上海经济研究，1998（8）：44-50.

[158] 胡查平，汪涛．制造业服务化战略转型升级：演进路径的理论模型：基于 3 家本土制造企业的案例研究 [J]. 科研管理，2016，37（11）：119-126.

[159] 胡晓鹏．生产性服务业的分类统计及其结构优化：基于生产性服务业与制造业互动的视角 [J]. 财经科学，2008（9）：86-94.

[160] 胡昭玲，夏秋，孙广宇．制造业服务化、技术创新与产业结构转型升级：基于 WIOD 跨国面板数据的实证研究 [J]. 国际经贸探索，2017，33（12）：4-21.

[161] 黄林．产业集聚：外部性经济效用与企业效率的实证分析 [J]. 经济体制改革，2012（4）：98-102.

[162] 黄群慧，霍景东．产业融合与制造业服务化：基于一体化解决方案的多案例研究 [J]. 财贸经济，2015（2）：136-147.

[163] 黄群慧，霍景东．中国制造业服务化的现状与问题：国际比较视角 [J]. 学习与探索，2013（8）：90-96.

[164] 霍景东，黄群慧．影响工业服务外包的因素分析：基于 22 个工业行业的面板数据分析 [J]. 中国工业经济，2012（12）：44-56.

[165] 吉亚辉，甘丽娟．生产性服务业集聚与经济增长的空间计量分析 [J]. 工业技术经济，2015（7）：46-53.

[166] 亚辉，李岩，苏晓晨．我国生产性服务业与制造业的相关性研究：基于产业集聚的分析 [J]. 软科学，2012，26（3）：15-19+38.

[167] 纪玉俊，丁科华，生产性服务业集聚与地区制造业升级：基于门槛回归模型的实证检验 [J]. 山东工商学院院报，2015（2）：58-64.

[168] 季小立，陈雯．城市群制造业服务化的空间演化与均衡路径：来自苏南的证据 [J]. 江海学刊，2017（3）：63-68+238.

[169] 简兆权，伍卓深．制造业服务化的路径选择研究：基于微笑曲线理论的观点 [J]. 科学学与科学技术管理，2011，32（12）：137-143.

[170] 姜铸，李宁．服务创新、制造业服务化对企业绩效的影响 [J]. 科研管理，

2015，36（05）：29-37.

[171] 克鲁伯，沃克，陈彪如. 服务业的增长原因与影响 [M]. 上海：生活·读书·新知三联书店上海分店，1993.

[172] 孔德洋，徐希燕. 生产性服务业与制造业互动关系研究 [J]. 经济管理，2008（12）：74-79.

[173] 雷振丹，陈子真. 区域创新：生产性服务业层级分工专业化抑或多样化集聚？[J]. 现代经济探讨，2019（10）：99-107.

[174] 类骁，韩伯棠. 基于 EG 指数模型的我国制造业产业集聚水平研究 [J]. 科技进步与对策，2012，29（8）：43-46.

[175] 李建豹，黄贤金，吴常艳，周艳，徐国良. 中国省域碳排放影响因素的空间异质性分析 [J]. 经济地理，2015，35（11）：21-28.

[176] 李金辉. 基于异质空间和路径依赖的产业空间集聚初探 [J]. 特区经济，2011（2）：272-275.

[177] 李平，付一夫，张艳芳. 生产性服务业能成为中国经济高质量增长新动能吗 [J]. 中国工业经济，2017（12）：5-21.

[178] 李普峰，李同升. 西安市生产性服务业空间格局及其机制分析 [J]. 城市发展研究，2009（03）：93-97.

[179] 李善同，高传胜，等. 中国生产者服务业发展与制造业升级 [M]. 上海：生活·读书·新知三联书店上海分店，2008.

[180] 李胜会，李红锦. 产业集聚规模效应对生产率影响的实证研究 [J]. 统计与决策，2011（5）：81-84.

[181] 李天柱，刘小琴，李潇潇. 对当前"制造业服务化"研究的若干理论辨析 [J]. 中国科技论坛，2018（6）：75-82.

[182] 李文秀，谭力文. 服务业集聚的二维评价模型及实证研究：以美国服务业为例 [J]. 中国工业经济，2008（4）：55-63.

[183] 李晓华. 服务型制造：先进制造业与现代服务业深度融合的新业态 [N]. 经济日报，2019-06-04（012）.

[184] 凌永辉，张月友，沈凯玲. 生产性服务业发展、先进制造业效率提升与产业互动：基于面板联立方程模型的实证研究 [J]. 当代经济科学，2017，39（2）：62-71.

[185] 刘斌，魏倩，吕越，祝坤福. 制造业服务化与价值链升级 [J]. 经济研究，2016（3）：151–162.

[186] 刘和东. 国内市场规模与创新要素集聚的虹吸效应研究 [J]. 科学学与科学技术管理，2013，34（7）：104–112.

[187] 刘继国，李江帆. 国外制造业服务化问题研究综述 [J]. 经济学家，2007（3）：119–126.

[188] 刘珊珊. 中日制造业服务化测度及其对产业国际竞争力的影响：基于国际投入产出的分析 [J]. 日本研究，2021（1）：71–80.

[189] 刘胜，顾乃华. 行政垄断、生产性服务业集聚与城市工业污染：来自260个地级及以上城市的经验证据 [J]. 财经研究，2015，41（11）：95–107.

[190] 刘书瀚，张瑞，刘立霞. 中国生产性服务业和制造业的产业关联分析 [J]. 南开经济研究，2010（6）：65–74..

[191] 刘晓科，胡振东. 生产性服务业发展的区域比较研究 [J]. 统计与决策，2015（13）：147–150.

[192] 刘奕，夏杰长，李垚. 生产性服务业集聚与制造业升级 [J]. 中国工业经济，2017（7）：24–42.

[193] 卢飞，刘明辉. 生产性服务业集聚门槛与制造业升级研究：基于集聚三重效应的分析 [J]. 贵州财经大学学报，2016（4）：24–35.

[194] 马风华，李江帆. 制造业服务化困境研究动态 [J]. 科技进步与对策，2019，36（16）：155–160.

[195] 闵连星，刘人怀，王建琼. 中国制造企业服务化现状与特点分析 [J]. 科技管理研究，2015，35（12）：106–110.

[196] 庞娟，孙金岭. 生产性服务业集聚外溢效应的实证检验 [J]. 统计与决策，2016（7）：141–145.

[197] 彭水军，袁凯华，韦韬. 贸易增加值视角下中国制造业服务化转型的事实与解释 [J]. 数量经济技术经济研究，2017，34（9）：3–20.

[198] 皮尔斯. 市场导向的战略转变 [M]. 吴晓明，张华，战祥森等译，北京：清华大学出版社，2005.

[199] 乔彬，吉琳，胡子龙. 产业集群技术创新与制度创新融合路径与质量：

以中国 22 个典型产业集群为例 [J]. 产业经济研究，2014（5）：44-52+82.

[200] 乔彬，张蕊，雷春. 高铁效应、生产性服务业集聚与制造业升级 [J]. 经济评论，2019（6）：80-96.

[201] 曲绍卫，夏远，姚毅. 生产性服务业集聚与制造业转型的关联性研究：基于产业互动视域的分析 [J]. 预测，2019，38（5）：82-89.

[202] 邵安菊. 上海装备制造企业服务化转型的路径与对策研究 [J]. 经济体制改革，2014（4）：110-114.

[203] 沈运红，孙莉. 知识密集型服务业集聚对制造业结构升级的影响研究：基于浙江省 2008—2017 年面板数据 [J]. 科技管理研究，2021，41（7）：164-170.

[204] 盛龙，陆根尧. 中国生产性服务业集聚及其影响因素研究：基于行业和地区层面的分析 [J]. 南开经济研究，2013（5）：115-129.

[205] 思拉恩·埃格特森，吴经邦. 经济行为与制度 [M]. 北京：商务印书馆，2004.

[206] 藤田昌久，雅克·弗朗西斯·蒂斯. 集聚经济学：城市、产业区位与区域增长 [M]. 成都，西南财经大学出版社，2004.

[207] 王纯，张晴云. 生产性服务业集聚对区域创新效率的影响：基于 SFA 面板回归模型的实证研究 [J]. 辽宁农业职业技术学院学报，2018，20（5）：61-64.

[208] 王丹，郭美娜. 上海制造业服务化的类型、特征及绩效的实证研究 [J]. 上海经济研究，2016（5）：94-104.

[209] 王小波，李婧雯. 中国制造业服务化水平及影响因素分析 [J]. 湘潭大学学报 (哲学社会科学版)，2016，40（5）：53-60.

[210] 王晓玉. 国外生产性服务业集聚研究述评 [J]. 当代财经，2006（03）：92-96.

[211] 魏作磊，李丹芝. 中国制造业服务化的发展特点：基于中美日德英法的投入产出分析 [J]. 工业技术经济，2012，31（7）：24-28.

[212] 温忠麟，张雷，侯杰泰等. 中介效应检验程序及其应用 [J]. 心理学报，2004（5）：614-620.

[213] 文丰安.生产性服务业集聚、空间溢出与质量型经济增长：基于中国 285个城市的实证研究[J].产业经济研究，2018（6）：36-49.

[214] 吴福象，曹璐.生产性服务业集聚机制与耦合悖论分析：来自长三角 16个核心城市的经验证据[J].产业经济研究，2014（4）：13-21.

[215] 吴福象，刘志彪.城市化群落驱动经济增长的机制研究：来自长三角 16个城市的经验证据[J].经济研究，2008，43（11）：126-136.

[216] 吴永亮，王恕立.增加值视角下的中国制造业服务化再测算：兼论参 与GVC的影响[J].世界经济研究，2018（11）：99-115+134+137.

[217] 吴云霞，马野驰.制造业投入服务化对价值链升级的影响：基于参与 度和分工地位的双重视角[J].商业研究，2020（2）：62-72.

[218] 夏杰长.中国服务业三十年：发展历程，经验总结与改革措施[J].首都 经济贸易大学学报，2008，10（6）：42-42.

[219] 肖沛余，葛幼松.长江经济带生产性服务业集聚的空间溢出效应： 基于行业和地区分异的空间杜宾模型研究[J].生态经济（中文版），2019，35（2）：81-85.

[220] 肖挺，蒋金法.全球制造业服务化对行业绩效与全要素生产率的影响： 基于国际投入产出数据的实证分析[J].当代财经，2016（6）：86-98.

[221] 徐振鑫，莫长炜，陈其林.制造业服务化：我国制造业升级的一个现 实性选择[J].经济学家，2016（9）：59-67.

[222] 许和连，成丽红，孙天阳.制造业投入服务化对企业出口国内增加值 的提升效应：基于中国制造业微观企业的经验研究[J].中国工业经济，2017（10）：62-80.

[223] 宣烨，余泳泽.生产性服务业层级分工对制造业效率提升的影响：基于 长三角地区38城市的经验分析[J].产业经济研究，2014（3）：1-10.

[224] 宣烨.生产性服务业空间集聚与制造业效率提升：基于空间外溢效应 的实证研究[J].财贸经济，2012（4）：121-128.

[225] 鄢飞.物流业与制造业协同集聚的空间关联与影响因素[J].统计与决策，2021，37（7）：113-117.

[226] 阎小培，姚一民.广州第三产业发展变化及空间分布特征分析[J].经济 地理，1997，17（2）：41-48.

[227] 杨萍.服务业与制造业的互动关系及国际比较研究 [J].西部论坛，2015，25（4）：93-101.

[228] 杨仁发.产业集聚与地区工资差距：基于我国269个城市的实证研究 [J].管理世界，2013（8）：41-52.

[229] 姚小远.论制造业服务化：制造业与服务业融合发展的新型模式 [J].上海师范大学学报(哲学社会科学版)，2014，43（6）：60-71.

[230] 于斌斌，金刚.城市集聚经济与产业结构变迁的空间溢出效应 [J].产业经济评论(山东大学)，2014，13（4）：89-123.

[231] 于斌斌.生产性服务业集聚如何促进产业结构升级？：基于集聚外部性经济效用与城市规模约束的实证分析 [J].经济社会体制比较，2019（2）：30-43.

[232] 于斌斌.生产性服务业集聚与能源效率提升 [J].统计研究，2018，35（4）：30-40.

[233] 于斌斌.中国城市生产性服务业集聚模式选择的经济增长效应：基于行业、地区与城市规模异质性的空间杜宾模型分析 [J].经济理论与经济管理，2016（1）：98-112.

[234] 袁凯华，彭水军，陈泓文.国内价值链推动中国制造业出口价值攀升的事实与解释 [J].经济学家，2019（9）：93-103.

[235] 袁凯华，余远，高翔.国内价值链能否推动中国制造的服务化转型：来自区际分工视角的经验证据 [J].山西财经大学学报，2020，42（11）：42-56.

[236] 詹浩勇，冯金丽，袁中华.我国城市生产性服务业集聚模式选择：基于制造业内部结构分类的研究 [J].宏观经济研究，2017（10）：92-107.

[237] 张伯超，靳来群.制造业服务化对企业研发创新积极性的影响：于制造业服务化率"适度区间"的视角 [J].中国经济问题，2020（1）：74-91.

[238] 张恒梅，王曼莹.中国制造业以服务化转型构建新竞争优势研究 [J].经济纵横，2017（11）：72-77.

[239] 张虎，韩爱华.制造业与生产性服务业耦合能否促进空间协调：基于285个城市数据的检验 [J].统计研究，2019，36（1）：39-50.

[240] 张虎，周迪．城市群金融等别视角下的长三角金融资源流动研究：以城市商业银行异地扩张为例 [J]．地理研究，2016，35（9）：1740-1752.

[241] 张明斗，王亚男．制造业、生产性服务业协同集聚与城市经济效率：基于"本地－邻地"效应的视角 [J]．山西财经大学学报，2021，43（6）：15-28.

[242] 张素庸，汪传旭，任阳军．生产性服务业集聚对绿色全要素生产率的空间溢出效应 [J]．软科学，2019，33（11）：11-15+21.

[243] 张文武，徐嘉婕，欧习．生产性服务业集聚与中国企业出口生存：考虑异质性和传导机制的分析 [J]．统计研究，2020，37（6）：55-65.

[244] 张小蒂，王永齐．企业家显现与产业集聚：金融市场的联结效应 [J]．中国工业经济，2010（5）：59-67.

[245] 张振刚，陈志明，胡琪玲．生产性服务业对制造业效率提升的影响研究 [J]．科研管理，2014（1）：131-138.

[246] 张志彬．生产性服务业集聚的区际差异、驱动因素与政策选择：基于京津冀、长三角和珠三角城市群的比较分析 [J]．经济问题探索，2017（2）：84-90.

[247] 赵弘．全球生产性服务业发展特点、趋势及经验借鉴 [J]．福建论坛（人文社会科学版），2009（9）：22-25.

[248] 赵靓，吴梅．我国生产性服务业对出口产品竞争优势的影响研究 [J]．数量经济技术经济研究，2016（3）：112-127.

[249] 赵一婷，刘继国．制造业服务化：概念、趋势及其启示 [J]．当代经济管理，2008（7）：45-48.

[250] 赵玉林，裴承晨．技术创新、产业融合与制造业转型升级 [J]．科技进步与对策，2019，36（11）：70-76.

[251] 郑吉昌．生产性服务业的发展与分工的深化 [J]．管理评论，2005，17（5）：30-35.

[252] 郑苏江．基于Citespace文献计量视角的制造业服务化研究热点与趋势分析 [J]．技术与创新管理，2020，41（1）：34-39.

[253] 钟顺昌，任媛．产业专业化、多样化与城市化发展：基于空间计量的

实证研究 [J]. 山西财经大学学报，2017，39（3）：58-73.

[254] 钟廷勇，国胜铁，杨珂. 产业集聚外部性经济效用与我国文化产业全
要素生产增长率 [J]. 管理世界，2015（7）：178-179.

[255] 钟韵. 区域中心城市与生产性服务业发展 [M]. 北京：商务印书馆，
2007.

[256] 周兵，戴贵宝，任政亮. 产业集聚对制造业自主创新的影响分析：基
于 GMM 动态效应模型与面板门槛效应模型 [J]. 现代经济探讨，2018
（1）：80-88.

[257] 周明生，陈文翔. 中国生产性服务业集聚的空间效应研究：基于空间
面板数据模型 [J]. 经济与管理研究，2014（9）：69-76.

[258] 周师迅. 专业化分工对生产性服务业发展的驱动效应 [J]. 上海经济研究，
2013（6）：96-103.

[259] 孟涛，王春娟，解萧语. 生产性服务业集聚如何推动制造业服务化？ [J].
科学决策，2022（11）：94-109.